Roger Hackstock

WIE WIR DIE WELT RETTEN, OHNE UNS DAUERND SORGEN ZU MACHEN

Der Klimakrise mit Zuversicht begegnen

KREMAYR & SCHERIAU

Inhaltsverzeichnis

Vorwort

Darf man Witze über die Klimakrise machen? Aber sicher!

Treffen sich zwei Gletscher. Sagt der eine zum anderen: „Was hältst du vom Klimawandel, ob der uns schaden wird?“ Schüttelt der andere den Kopf: „Ich weiß nicht, wir werden Seen.“ Wenn ich meinen Bekannten bei Fridays for Future solche Witze erzähle, runzeln sie die Stirn und meinen, das Ganze sei aber nicht zum Lachen. Ich finde dagegen, dass gerade die Ernsthaftigkeit des Themas die Notwendigkeit schafft, sich darüber lustig zu machen. Mehr als 40 Prozent der gesamten Treibhausgase seit Beginn der industriellen Revolution im 19. Jahrhundert wurden in den letzten 30 Jahren ausgestoßen, also seit der ersten Klimakonferenz in Rio de Janeiro im Jahr 1992. Hier scheint es einen eindeutigen Zusammenhang zu geben. Erst seit es Klimakonferenzen gibt, werden fossile Rohstoffe verbrannt wie nie zuvor. Das kann kein Zufall sein, oder? Die Übereinstimmung ist eindeutig …

Das ist natürlich Quatsch und der klassische Fall einer fehlerhaften Schlussfolgerung. Doch der ironische Vergleich erfüllt seinen Zweck, denn: Sich über die Klimakrise lustig zu machen heißt, Zusammenhänge zu übertreiben und absurde Schlüsse zu ziehen, die nicht nur zum Schmunzeln anregen, sondern auch den Reflex auslösen, es richtigstellen zu wollen, weil die Wahrheit eine andere ist. Damit kann man auch jene Menschen erreichen, die nicht von der Dramatik der Klimakrise überzeugt sind, den Witz aber als solchen verstehen.

Als der Weltklimarat IPCC im August 2021 seinen Bericht zur Klimaerwärmung veröffentlichte, kam die internationale Climate Group auf die Idee, alle großen US-Fernsehstationen zu fragen, ob sie den Klimareport in ironischen und heiteren Beiträgen kommentieren könnten. Nach anfänglichem Zögern sagten alle großen Talkshows des Landes zu, an einem Abend im September wurde auf allen Kanälen zur gleichen Zeit über die Erkenntnisse der Klimaforschung gescherzt. Die Moderatorinnen und Moderatoren verglichen den Klimawandel mit Fußball, von dem jeder und jede in Amerika weiß, dass „es draußen etwas gibt, was für den Rest der Welt wirklich wichtig ist, aber niemand kann uns dazu bringen, uns darum zu kümmern". Ein Video zeigte eine – ernst gemeinte – Werbung des Ölkonzerns ConocoPhillips für den Plan, den gefrorenen Boden der Tundra von Alaska künstlich zu kühlen, um trotz Klimaerwärmung weiter nach Öl bohren zu können, ohne dass die Plattformen im Boden versinken. Was natürlich ein Schuss ins Knie wäre, das würde den Planeten weiter aufwärmen und den Permafrostboden erst recht auftauen.

Ein solches Satirevideo hätte auch zum Klimagipfel 2023 in Dubai gepasst. Der Gipfel wurde von einem Ölmanager geleitet, was bei Klimaforscherinnen und -forschern und Umweltorganisationen auf der ganzen Welt eine Welle der Empörung auslöste. In Wahrheit war es zum Lachen und brachte vor allem eine Gruppe ins Schwitzen, die von Witzen und Gags lebt, das Komische eines Klimagipfels im Ölland aber kaum mehr toppen konnte. Wer heutzutage Kabarettist oder Kabarettistin ist, hat echt ein schweres Leben. Es sei denn, er oder sie kommt auf die Idee, beim Klimaschutz nicht nur Menschen, sondern auch Tiere in die Pflicht zu nehmen, wie Christoph Fritz. Der 1994 geborene Jungstar der österreichischen Kabarettszene, bekannt für seine schüchterne Art, steht meist reglos auf der Bühne, fasst das Mikrofon mit beiden Händen und liefert staubtrockene Pointen ab, die in Verbindung mit seinem zurückhaltenden Wesen besonders komisch wirken. In seinem Programm „Das jüngste Gesicht" stellt Fritz die Frage, ob das Publikum wisse, dass es inmitten der Klimakrise immer noch Tiere gibt, die jeden Winter mehrere tausend Kilometer in Richtung Süden fliegen. Als das Publikum zu lachen beginnt, blickt er tadelnd in den Saal: „Die machen das, um Urlaub zu machen. Da frage ich mich schon, können die nicht Bahn fahren? Und ... äh ... jetzt kommt die Pointe. Die heißen sogar Zugvögel." Bei diesem Witz muss Fritz selber lachen, wenn auch nur für eine Sekunde, mehr ist bei ihm nicht drin.

Die Klimakonferenz im Ölstaat war der Beweis, dass die Wirklichkeit jeden Gag längst überholt hat. Statt uns darüber zu empören, hilft es, uns lachend klar zu machen, wo wir gerade völlig falsch abgebogen sind, statt uns der Herausforderung zu stellen. Die gelöste Stimmung hilft im besten Fall, uns für Alternativen zu öffnen, die es anzupacken gilt, um die Klimakrise zu überwinden. Humor kann Blockaden lösen, besser als jede Moralpredigt. In der Geschichte der Menschheit wurden während der ärgsten Katastrophen immer Witze gerissen, wenn man nicht mehr weiterwusste. Ich bin in Wien geboren, wo man sich beim Ausbruch des Ersten Weltkriegs damit tröstete, dass hier alles später und weniger schlimm kommt als anderswo. Ein Sprichwort lautete: „Die Lage ist hoffnungslos, aber nicht ernst.“ Dazu soll Karl Kraus einmal gesagt haben: „Wenn die Welt untergeht, dann gehe ich nach Wien, dort passiert alles zehn Jahre später.“

Vielleicht ist diese Haltung der Grund, warum die Stadt Wien im Jahr 2023 zum elften Mal in Folge zur lebenswertesten Stadt der Welt gekürt wurde. Weil die großen Katastrophen der Welt hier immer irgendwie ausbleiben. Zumindest glauben das jene, die hier leben.

Weniger Empörung, mehr Zuversicht

In den letzten 30 Jahren sind die Treibhausgasemissionen weltweit unaufhörlich gestiegen. Sich ständig darüber zu empören und an den Beharrungskräften abzuarbeiten, die der Veränderung im Weg stehen, hatte nicht den erwünschten Erfolg. Die ersten fünf Berichte des Weltklimarates haben klare Botschaften gesandt, die Warnungen wurden immer eindringlicher. Doch das hat niemanden auf die Straße gebracht. Erst die 15-jährige Greta Thunberg fand die rechten Worte, um junge Menschen mitzureißen und zu Schulstreiks auf der ganzen Welt zu bewegen. Die Plakate bei den Klimademos waren durchwegs humorvoll und nahmen Anleihen bei Blockbustern, bei Lokalbesuchen („Was haben Bier und Klima gemeinsam? Beides ist scheiße, wenn es warm wird“), beim Schulalltag und dem Schicksal der Dinosaurier.

Es gilt, diesen Ball aufzugreifen und die bestehenden Verhältnisse nicht mit Aggression, sondern mit Ironie und Zuversicht zu kommentieren. „Es gibt viele Wege zum Glück – einer davon ist, aufhören zu jammern“, soll schon Albert Einstein gesagt haben. Halten wir uns nicht mit ausschweifenden Betrachtungen der aktuellen Probleme auf, sondern fordern wir selbstbewusst eine nachhaltige Zukunft ein. Nicht als ferne Vision, sondern als

Alltag heute. Manche zweifeln daran und meinen, dass dies nicht so einfach sei und man die Menschen „vor zu viel Veränderung schützen“ müsse. Denen können wir gelassen entgegnen, dass eine Änderung der Verhältnisse zwar eine Änderung von Gewohnheiten mit sich bringt, wir das aber im Laufe unseres ganzen Lebens durchmachen. Sonst würden wir mit 50 Jahren noch immer die Nächte durchfeiern wie mit 20, was wir klugerweise sein lassen, weil wir uns nicht mehr so schnell erholen. Wer Veränderungen prinzipiell für unzumutbar hält, hat jedenfalls ein seltsames Menschenbild.

Was mich persönlich betrifft, so ist mein Engagement vom Wunsch getrieben, dass es meinen zwei Kindern in der Zukunft einmal besser gehen soll. Wer möchte das nicht? Was ich ihnen in ihrem künftigen Leben ersparen will, ist die Bedrohung durch die Klimakrise und die Sorgen wegen der fossilen Energien. Meine Vision: Im Jahr 2050, die heutige Jugend ist dann längst erwachsen, ist der Ausstieg aus dem fossilen Zeitalter kein Thema mehr, das Damoklesschwert der Zwei-Grad-Grenze beim Klimaschutz ist verschwunden. Nur noch Historikerinnen und Drehbuchschreiber beschäftigen sich mit der deprimierenden Klimavergangenheit, im Alltag macht sich niemand mehr Gedanken, ob die Sachen im Supermarkt regional und klimaneutral sind. Etwas anderes gibt es nicht mehr zu kaufen. Die extremen Wetterkapriolen der heutigen Zeit haben an Häufigkeit abgenommen, ein klimagerechtes Leben ist unaufgeregte Normalität. Die Menschen finden die Welt in einem Zustand vor, der ihnen nicht ständig auf den Kopf zu fallen droht. Wie jede Generation werden unsere Kinder natürlich ihre Sorgen haben – die Klimakrise gehört nicht mehr dazu. Das ist das Geschenk, das wir der nächsten Generation machen können, wenn wir wollen. Dafür lohnt es sich, die Ärmel aufzukrempeln und die Dinge in die Hand zu nehmen, statt sich in endlosen Diskussionen über Sinn und Unsinn von Klimaschutzmaßnahmen zu verstricken. Mit reden allein wird es für unsere Kinder sicher nicht besser, so viel steht fest. Wir müssen schon etwas dafür tun – und sollten dabei nicht den Humor verlieren. Davon handelt dieses Buch, viel Spaß!

Ernst ist das Leben,
heiter ist die Kunst.

FRIEDRICH SCHILLER

Die Kunst der Veränderung

„Bio Dino Chicken Nuggets, klar, aber nicht vegan. Vegane Dino Chicken Nuggets, aber nicht bio! Vegane Bio Chicken Nuggets, aber leider nicht Dino. Vegane Bio Dino Nuggets, aber nicht mit Chicken? Vegane Bio Dino Chicken, endlich – aber keine Nuggets!" Bernie Wagner stand vor dem Regal im Bio-Supermarkt und war verzweifelt. Seine Freundin hatte ihn einkaufen geschickt, um die von ihr geliebten veganen Bio Dino Chicken Nuggets zu besorgen. Doch er fand nur Abwandlungen davon, das würde daheim wieder für Diskussionen sorgen. Die Freundin war eine Ökofluencerin, sie verdiente sich ihren Lebensunterhalt damit, anderen Menschen im Internet zu erklären, wie man nachhaltig lebt. Bernie war Mitte 30 und fand, man könne die Sache mit dem Klimaschutz auch übertreiben, vor allem, wenn er gerade ratlos vor dem Bioregal stand.

Eines Tages äußerte seine Freundin beim Frühstück den Wunsch, sich einen Hund zu kaufen. Bernie mochte Hunde gar nicht. Das brachte ihn auf die Idee, sie mit ihren eigenen Vorsätzen zu konfrontieren.

Bernie Wagner: So ein Hund, ist der nachhaltig? Hat der nicht auch einen CO_2-Pfotenabdruck?

Seine Freundin: Der individuelle CO_2-Fußabdruck ist ein Propagandainstrument, das die Firma BP entwickelt hat, damit wir uns als Einzelpersonen schlecht fühlen, statt zusammen systemischen Wandel gegen die Ölkonzerne voranzutreiben!

Bernie Wagner: Bist du deppert, es ist wirklich immer eine Gaudi mit dir.

An dieser Stelle bricht regelmäßig Lachen im Saal aus. Das Erlebnis mit der Freundin ist Teil des Programms „Galápagos", in dem sich der Kabarettist Bernie Wagner über die Verbissenheit lustig macht, die Klimaschützer und Aktivistinnen oft an den Tag legen, wenn sie sich gegen die fossile Welt stellen. Wenn wir über etwas lachen müssen, dann meistens, weil beide Seiten einer Geschichte erkennbar werden, die Spannung zwischen den Polen ist das, was amüsiert. Ich meine damit nicht Galgenhumor à la Dieter Nuhr, der auch zu Lachern führt, aber nur wenig zur Überwindung von Vorurteilen beiträgt. Als Nuhr seinen Jahresrückblick 2019 der Fridays-For-Future-Bewegung widmete, die gerade ihren Höhenflug erlebte, erzählte er, dass auch seine Tochter an den Demonstrationen teilnehme. Um sie „aus tiefstem Herzen zu unterstützen, werde ich im kommenden Winter darauf verzichten, das Kinderzimmer zu heizen", meinte er grinsend und fand diesen Witz lustig, weil er den Widerspruch auf den Punkt bringe, so Nuhr, dass eine Jugend, die in einer Zeit der Vollversorgung aufwächst, jeden Freitag auf die Straße geht, um gegen diese Vollversorgung zu demonstrieren. Das war natürlich Unsinn, die Jugendlichen protestieren nicht gegen den gesellschaftlichen Wohlstand per se, sondern dagegen, ihn weiter mit fossiler Energie zu betreiben.

Dabei begegnen sie dem Thema mit erstaunlichem Humor. Statt auf den Plakaten apokalyptische Bilder zu zeigen, werden etwa „Kurzstreckenflüge nur für Insekten“ gefordert. Die Missachtung der Klimaforschung wird damit kommentiert, dass „jeder Katastrophenfilm damit beginnt, dass Warnungen von Wissenschaftlern in den Wind geschrieben“ werden. Manche Jugendliche bringen ihr Erstaunen zum Ausdruck, dass sie tatsächlich für die Anerkennung von Fakten auf die Straße gehen müssen. Andere finden, ein schlechtes Plakat sei genau die richtige Antwort auf die Art von Klimapolitik, die ihnen begegnet: So stand etwa beim Klimastreik am 24. September 2021 in Wien auf einem billigen Pappendeckel in krakeliger Schrift zu lesen: „Eure Klimapolitik ist so erbärmlich wie dieses Plakat.“

Den Vorwurf, sie würden ihre schulischen Verpflichtungen wegen der Streiks vernachlässigen, kontern sie mit der Aufforderung an die Erwachsenen, „eure Hausaufgaben zu machen, dann machen wir unsere“. Die meisten der protestierenden Jugendlichen sind im 21. Jahrhundert geboren und können sich leicht ausrechnen, was sie im Jahr 2100 erwartet, wenn die Klimakrise unvermindert fortschreitet. Die Modelle der Klimaforschung zeigen in diesem Fall eine Welt weit außerhalb der klimatischen Komfortzone, die unsere Zivilisation ermöglichte. Der US-amerikanische Klimaforscher Michael E. Mann hat in seinem Buch „Moment der Entscheidung“ anschaulich beschrieben, warum die Erde eigentlich seit 10.000 Jahren auf dem Weg in eine neue Eiszeit sein müsste, unsere Vorfahren aber mit Reisanbau, Viehzucht und Brandrodung so viele Treibhausgasemissionen in die Atmosphäre entließen, dass die globale Durchschnittstemperatur in den letzten 6000 Jahren fast konstant blieb. Natürlich gab es in der langen Zeit von der ersten Hochkultur der Sumerer bis heute immer wieder Wetterextreme, sie spielten sich aber innerhalb einer globalen

Temperaturschwankung von plus/minus einem Grad Celsius ab. Mit der Verbrennung von Öl, Gas und Kohle haben wir den Thermostat weiter hochgedreht, die Temperatur bleibt nicht mehr in diesem Rahmen, sondern hat 2024 die Plus-1,5-Grad-Marke überschritten. Geht es so weiter, ist das Klima bis Ende des Jahrhunderts in allen Modellen im roten Bereich, die Wetterextreme werden total aus den Fugen geraten, mit heute unvorstellbaren Folgen. Für die Jugend ist es klarerweise keine Option, das einfach abzuwarten.

Doch zurück zum Humor in der Klimakrise. Manchmal geschieht dieser unfreiwillig, wie im Magazin *VIA Airport* des Grazer Flughafens. Darin fand ich einen Artikel, der mich stutzig machte. In der Öffentlichkeit stehe dauernd der eigene Lebensstil zur Debatte, stand da, man solle weniger Fleisch essen, weniger Auto fahren und weniger fliegen, um den Planeten zu retten und „unser eigenes gesundes Überleben zu sichern". Doch es gebe Themen, die ebenso wichtig seien, aber nicht angetastet würden, weil sie einfach zu „reizend" seien. Ich runzelte die Stirn: Welches Thema könnte das sein? Auf die folgende Idee muss man erst einmal kommen: Es war ein kleines, flauschiges Tier, das bei vielen Menschen zu Hause herumstreunt – der Stubentiger! Eine Hauskatze verursacht pro Jahr beachtliche 300 Kilogramm Treibhausgase, mehr als ein Flug nach Mallorca. Grund dafür ist das Dosenfleisch, das der Katze regelmäßig vorgesetzt wird. Wer also etwas unternehmen will, um seinen ökologischen Fußabdruck zu verringern, beginnt am besten zu Hause – bei der Ernährung seiner Katze! Man stelle das Haustier auf regionales Obst und Gemüse um, und schon ist der Flug nach Mallorca kompensiert, das Klima gerettet. Schnurr! Ich fand diese Geschichte sehr erheiternd. Allerdings beschlich mich der leise Verdacht, die Redakteurin könnte das ernst gemeint haben.

Als Quelle für den Dosenfleisch-Vergleich wird das Buch „100 Karten, die deine Sicht auf die Welt verändern" von Tin Fischer und Mario Mensch zitiert, in dem überraschende Fakten aus allen Lebensbereichen in anschauliche Grafiken gepackt sind, die zum Schmunzeln anregen. So ist etwa der Südpol der verwirrendste Kontinent, weil man immer nach Norden gelangt, egal in welche Richtung man losgeht. Eine Weltkarte mit winzigen farbigen Quadraten wiederum zeigt, wie wenig Platz notwendig wäre, um die ganze Menschheit mit Solarstrom oder Strom aus Windkraftwerken zu versorgen. Eine andere witzelt darüber, dass es uns zwar stört, wenn das Eis, das wir gerade schlecken, schmilzt, das Schmelzen arktischer und antarktischer Gletscher uns aber vollkommen egal ist. Meine Lieblingsgrafik ist eine blaue Doppelseite mit einem einzigen schwarzen Punkt, neben dem „Everest-Insel" steht – das ist alles, was nach einem Meeresspiegelanstieg von 8800 Metern übrigbleibt. „Nur Reinhold Messner hätte überlebt", steht darunter, der Rest der Welt sei unter Wasser

Im Jahr 2023 wurden Karikaturistinnen und Karikaturisten aus aller Welt eingeladen, ihre besten Arbeiten zum Thema Klimawandel für den Kaktus-Cartoon-Award einzureichen. Der Preis wurde von der Schule des Ungehorsams verliehen, einer vom österreichischen Karikaturisten Gerhard Haderer im Jahr 2017 ins Leben gerufenen Einrichtung. Cartoons setzen sich kritisch und humorvoll mit einem Thema auseinander, in einer Sprache, die alle Menschen über alle Kulturen hinweg verstehen. Das war auch beim Klimathema der Fall, mehr als 1700 Einreichungen aus 80 Ländern trafen ein. „Wir waren über die

Anzahl selbst überrascht", erzählt die Organisatorin Julia Haderer. Die Zeichnungen bringen komplexe Sachverhalte humorvoll und überspitzt auf den Punkt und sind schnell zu erfassen. Da wird am Heck der halb versunkenen Titanic diskutiert, ob es „auch Studien gibt, nach denen wir nicht untergehen" (der Cartoon gewann den ersten Preis), ein Kreuzfahrtschiff passiert am Nordpol Eisberg-Attrappen aus Holz und ein Vater erklärt seiner erstaunten Tochter beim Wenden der Würstel auf dem Grill, dass er „natürlich für ‚Fridays for Future' ist, aber heute ist Donnerstag". Die Cartoons begegnen der Klimakrise mit Heiterkeit und regen zum Nachdenken an, ohne erhobenen Zeigefinger.

Manchmal fehlt mir die poetische Betrachtung der Klimakrise. Gedichte können amüsieren, man erkennt oft erst hinterher das Ernsthafte, die Weisheit, die in den Texten steckt, wie Kurt Tucholsky einmal gemeint hat. Ab und an greife ich selbst zur Feder und verfasse Reime zur Klimakrise und den Erneuerbaren, stets mit einem Augenzwinkern am Ende (eine lyrische Verzweiflungstat, könnte man sagen). In meinen Gedichten erhielt jede Energiequelle, von Sonne, Wind, Wasser und Holz bis Biogas, einen Reim, was meine Kolleginnen und Kollegen im Haus der Erneuerbaren Energie (wo ich arbeite) erst die Stirn runzeln, am Ende aber doch lächeln ließ. Selbst die fossilen Energien bekamen Reime ab, ich nannte sie „Abschiedsgedichte", wo sie widerwillig das Feld räumen und schließlich den Heldentod sterben.

Im Herbst 2021 durfte ich mit meinen Gedichten den GLOBAL 2000 Umweltslam in Wien eröffnen, weil sie „so gut zum Thema passen", wie es hieß. Ich nahm es als große Ehre, den Auftakt zu einem Poetryslam zu bestreiten, dessen Teilnehmerinnen halb so alt waren wie ich.

In der Einladung stand, die Texte sollten „Umweltschutz mit Poesie verbinden“ und Visionen einer klimagerechten Zukunft präsentieren, wobei alles erlaubt war, was Unterhaltung bot. Die Siegerin slammte über die U-Bahn in Wien, die typischen Fahrgäste jeder einzelnen Linie wurden auf unterhaltsame Weise porträtiert. Mein Favorit war ein Text von Alexander Hoffelner mit dem Titel „Methan rief die Kuh und stürzte sich in die Schlucht“, der das Klimathema in herrlich absurder und dadaistischer Form behandelte. Die Geschichte beginnt mit einer Kuh, die wegen der hohen Methanemissionen des auftauenden Permafrostbodens ins Weltall geschleudert wird, wo sie am Mond zerschellt. Als Gott das sieht, ist er erbost: Die Menschen hätten es zu weit getrieben. Schließlich hatte er sie in den Garten Eden gesetzt, wo sie „only two jobs“ hatten: Bauen und bewahren. „Bauen und bewahren, nicht zerstören!“ Nach turbulenten Ereignissen, die man nicht zusammenfassen kann, dafür ist die Geschichte zu chaotisch, ruft eine weitere Kuh „Methan“ und stürzt sich in die Schlucht, von wo sie zum Mond geschleudert wird und dort zerschellt. Es war bereits das 22. Rind in dieser Woche und es war erst Montag.

Ich fand diese kuriose Überhöhung der Klimakrise großartig, trotz des ernsten Themas war sie erheiternd und amüsant. Im Grunde zeigte sie, in welch absurde Situation wir uns manövriert haben, die im Grunde niemand glauben kann. Der Poetryslam war ein Versuch, das Thema nicht Expertinnen und Experten, sondern Jugendlichen zu überlassen, mit nur vagen Vorgaben und offenem Ausgang. Das Resultat war ganz anders als bei sonstigen Veranstaltungen, an denen ich teilnahm. Trotz allen Humors wurde zwischen den Zeilen deutlich, worum es ging, ganz ohne Powerpoint. In ähnlicher Weise hatte ich meine Gedichte verfasst, wie jenes, das von meinen Problemen im Beruf handelte.

Naked Sun

Solaranlagen find ich toll,
im Job beschäftigt mich das voll.
Privat sind sie ein Partykiller,
sprech ich davon, wird es gleich stiller.
Wie schafft man's, dass das Thema packt –
muss man erzählen davon nackt?

Lachen über die Klimakrise

Die Satiresendung „Die Anstalt", die seit 2014 im deutschen Fernsehsender ZDF ausgestrahlt wird und viele Menschen erreicht, ist der lebende Beweis dafür, dass man Humor auch zur Aufklärung nutzen kann. In einer Sendung aus dem Jahr 2019 dient die Kommandobrücke des Traumschiffs „MS Veränderung" als Bühne, auf der Kapitän und Besatzung vom Wissenschaftler Isaac Newton, der eine Lockenperücke trägt und in vielen Folgen auftritt, mit kritischen Fakten zur Klimapolitik in Deutschland konfrontiert werden. Der Kapitän vertritt die Regierung, die Besatzung die Expertinnen und Lobbyisten der Energiebranche. Auf unterhaltsame Weise erfährt man die Hintergründe der schleppenden Energiewende, warum es immer wieder zu Vollbremsungen bei Windkraft und Solarstrom kommt und wie die Bevölkerung bei den Abgaswerten von Verbrennungsmotoren in die Irre geführt wurde. Wie immer wurde die Sendung live vor Publikum gespielt, bei Pointen brach lautes Lachen im Saal aus. So war es auch, als Newton sagte: „Sie haben 80.000 Arbeitsplätze in der Solarenergie geopfert, um im Gegenzug 6000 Beschäftigte in der Kohlebranche zu retten." Die Antwort des Kapitäns: „Aber die Jobs in der Braunkohle sind viel wertvoller, weil die sind ja nicht erneuerbar!"

In einer anderen Folge begegnet Angela Merkel Isaac Newton beim Wandern. Es wird eine Grafik zum Ausbau der Solarenergie eingeblendet, die im Jahr 2013 einen ungewöhnlich starken Einbruch zeigt. Newton wirft einen kritischen Blick auf die Kanzlerin: „Schauen Sie mal hier, nach 2012, was ist denn das für ein Einbruch da?" Merkel räuspert sich und antwortet: „Das, ah das, das ist der Altmaier-Knick."

Newton berührt den Bildschirm und es erscheint ein Bild des damaligen Umweltministers Peter Altmaier, was Gelächter im Saal hervorruft. Altmaier hatte nach drei erfolgreichen Jahren die Förderung für Solarstrom stark gekürzt, was den Markt entgegen aller Ausbauziele absacken ließ. Man könnte aus dem Stoff eine journalistische Aufdecker-Story machen, die Form der Satire war aber besser geeignet, die Erkenntnisse und Zusammenhänge zu vermitteln, ohne beim Publikum Gefühle von Ohnmacht und Verärgerung hervorzurufen. Der Altmaier, denkt man sich, das ist typisch! Das kommt raus, wenn Politikerinnen und Politiker auf die fossile Lobby hören. Die Lobbys werden wir nicht ändern, also muss man bei der Politik ansetzen. Wieso hat Altmaier nach drei Jahren plötzlich die Reißleine gezogen, was war der Grund? Wer hat auf ihn Druck gemacht? Die Mächtigen vor den Vorhang zu holen und über sie Witze zu reißen, stellt ihre Machtposition stärker infrage, als empörte Fachartikel zu schreiben. Mächtige sind sehr empfindlich, wenn man über sie lacht, weil sie das, im Gegensatz zur Empörung, in ihrer Position schwächt. Empörung dagegen macht sie stärker.

Wie wäre es, wenn alle Fernsehsender solche Satirebeiträge bringen würden, vielleicht sogar gleichzeitig? Wie im Vorwort geschildert, hatten es die Organisatorinnen und Organisatoren der Climate Week NYC satt, in nächtelangen Debatten den Stillstand beim Klimaschutz zu bejammern, ohne damit je die Bevölkerung zu erreichen. Es war die Idee des gut vernetzten Produzenten und Autors Steve Bodow, alle großen US-Fernsehstationen zu fragen, ob sie das Klimathema im Rahmen der Climate Week in ihren Talkshows ausnahmsweise mit ironischen und heiteren Beiträgen kommentieren könnten. Überraschenderweise sagten alle zu, die Klimakrise wurde sogar zur besten Sendezeit platziert. Mehr als 20 Millionen Menschen verfolgten dieses historische Ereignis, als ihnen die Moderatorinnen und Moderatoren am 22. September 2021 mitteilten, dass sie heute mehr zum Klimathema erfahren würden und dem auch durch Umschalten nicht entkommen könnten („You Can't Change the Channel!"). Von Stephen Colbert's *Late Show* über die *Daily Show* von Trevor Noah bis Samantha Bee's *Full Frontal* und der *Tonight Show* von Jimmy Fallon waren alle Quotenbringer dabei. Stephen Colbert wies auf die Tatsache hin, dass nur die Hälfte der über 65-Jährigen sehr besorgt über die Klimakrise sei, was zufällig dem Altersschnitt der US-Senatoren entsprach. „Wenn wir wirklich etwas beim Klimaschutz erreichen wollen, müssen wir ältere Amerikanerinnen und Amerikaner davon überzeugen, sich darum zu kümmern", folgerte er daraus. Der Bildschirm verwandelte sich ein altes Fernsehgerät aus den 1950er-Jahren, Colbert rückte in Schwarz-Weiß seine Brille zurecht und sprach die Senioren unter den Zuseherinnen an: „Ihre Enkel sorgen sich wirklich um dieses Erden-Zeugs, selbst die Enkelin mit den grünen Haaren und den aufgerissenen Jeans, Sie sollten auf sie hören!“

Jimmy Kimmel verglich die Bevölkerung in seiner Late Night Show *Jimmy Kimmel Live!* mit „einem Haufen Golden Retriever, die in den Autos auf dem heißen Parkplatz sitzen, deren Besitzerinnen und Besitzer sich weigern, die Fenster herunterzukurbeln“. Zum Video des Ölkonzerns ConocoPhillips, von dem schon weiter oben die Rede war, wurde am Ende sarkastisch verkündet, der Konzern werde auch dann nicht aufgeben, wenn „das Essen durch die Klimakrise knapp wird – dann wenden wir uns dem Kannibalismus zu, laben uns an Menschenfleisch und bohren weiter, bis die Erde zerstört ist und alle tot sind“. Die Versuchung, beim Klimathema in apokalyptische Visionen abzudriften, ist offenbar sehr groß. Eine Telefonnummer erschien und der Moderator forderte die Zuseherinnen und Zuseher auf, ihre Kongressabgeordneten anzurufen und den Beschluss von Gesetzen für eine saubere Energiezukunft einzufordern. Dabei setzte er ein Lächeln auf und warnte, dass „wir diejenigen als Erste essen, die nichts gegen die drohende Katastrophe unternommen haben, wenn dann die Nahrungsversorgung knapp wird“. Trevor Noah sprach das TV-Publikum auf der persönlichen Ebene an und verkündete, die Klimakrise werde die Produktion von Kaffee, Bier und Wein dramatisch reduzieren. Das hätte drastische Auswirkungen auf unseren Alltag, wobei er meinte, Kaffee habe ihm nie wirklich geschmeckt, zumindest das könne er leicht verkraften. Auch James Corden setzte in seiner *Late Late Show* auf Ironie und berichtete vom Vorhaben bei Lego, nur mehr Steine aus recycelten Plastikflaschen herzustellen. „Ob die dann genauso wehtun, wenn man draufsteigt, ist nicht bekannt“, meinte er lächelnd.

Solche Aktionen sind wichtig, wir brauchen bunte Geschichten, die uns das Klimathema auf andere Weise näherbringen, als es der trockene Bericht eines Weltklimarates vermag.

Ich würde mir wünschen, dass Romanautorinnen und -autoren wie David Safier sich des Themas annehmen, dessen Bücher auf amüsante Weise schildern, wie es Menschen geht, die einer unerwarteten Veränderung ausgesetzt sind. Sein im Jahr 2021 erschienenes Buch „Aufgetaut" war ein erster Versuch in diese Richtung. Es erzählt die Geschichte von Urga, einer Steinzeitfrau, die gemeinsam mit einem Babymammut 33.374 Jahre lang in einem Eisblock gefangen war. Der Eisblock kollidiert mit einem Kreuzfahrtschiff, eine offensichtliche Hommage an die Titanic, er wird an Bord geholt und im Kühlraum verstaut. Eine Firma namens Cyrogen eilt mit Militärhubschraubern zum Schiff, übernimmt gegen den Willen des Kapitäns das Kommando und taut die Steinzeitwesen auf. Ein Start-up-Gründer und seine elfjährige Tochter, die sich auf dem Schiff befinden, schaffen es gemeinsam mit dem bärtigen alten Kapitän, die Steinzeitwesen aus den Klauen des Militärs zu befreien. Es beginnt eine abenteuerliche Flucht, bei der sich die Steinzeitdame Urga erstaunlich schnell an die völlig veränderte Welt und die neue Umgebung gewöhnt, auch an die ungewohnte Sprache, deren Wörter sie ständig verdreht, was zu amüsanten Dialogen führt. Das kleine Mammut hat es schwerer, es fühlt sich einsam, schließlich ist es das einzige Mammut auf der Welt. In der Geschichte geht es ums Einfrieren und Auftauen, um Liebe und die Suche nach dem Glück. Dem Start-up-Gründer wird im Lauf der Geschichte klar, dass seine Suche nach der optimalen Glücks-App bedeutet, den Menschen zu helfen, sich an den schönen Seiten des Lebens zu erfreuen, statt ständig an den schlechten zu verzweifeln.

Es braucht mehr solche Geschichten, in denen Menschen in die Zukunft katapultiert werden, am besten in eine klimaneutrale Zukunft, in der sie amüsante Abenteuer bestehen, die uns zum Schmunzeln bringen. Ich meine damit nicht belehrende Beispiele wie den Roman „Journey to the Future – A Better World is Possible" von Guy Dauncey, in dem ein 25-jähriger Kanadier auf wundersame Weise im Vancouver des Jahres 2032 landet und auf eine völlig veränderte Welt trifft. Er begegnet Menschen, die ihm von Selbstverwaltung und Nachbarschaftshilfe erzählen, von Permakultur und kooperativen Wirtschaftsmodellen, die den Alltag bestimmen. Die Straßen sind wesentlich schmaler als heute und von Bäumen, Bänken und Spielplätzen gesäumt. Die Energie wird zur Gänze erneuerbar erzeugt, die Abfälle sind auf ein Minimum reduziert, Treibhausgase spielen fast keine Rolle mehr. In der Medizin haben sich alternative Behandlungsmethoden durchgesetzt, gesunde Ernährung hat bei der Bevölkerung oberste Priorität. Was den Kanadier am meisten verblüfft, ist die Veränderung in der Politik, die insgesamt sehr weiblich geworden ist. Auch in diesem Roman lebt sich der Mensch aus der Vergangenheit schnell in der Zukunft ein, er verliebt sich sogar und wäre gern geblieben, wird aber unvermittelt wieder ins Vancouver des Jahres 2012 zurückkatapultiert. Am Abend vor seiner Rückkehr in die Vergangenheit sinniert er über die erstaunliche Unbeschwertheit der Menschen, die ihm begegnet sind, ihr Selbstvertrauen und ihren positiven Blick aufs Leben. Die Begegnungen im Buch dienen jedoch eher dem Vermitteln von Fakten als einer Erzählung, wie es sich im Alltag einer klimaneutralen Zukunft lebt. Da hoffe ich schon eher auf Autoren wie Safier oder eine Neuauflage von „Raumschiff Enterprise", um uns eine klimaneutrale Welt emotional näherzubringen.

Humor statt Trauer und Verzweiflung

Vielen Menschen schlägt die Klimakrise aufs Gemüt, es gibt sogar schon Psychologists for Future, die jenen Menschen helfen, die wegen der dauernden Nachrichten über Wetterextreme von Angststörungen und Depressionen geplagt sind. Vor allem junge Menschen sind betroffen, wie Stephan Heinzel berichtet, der an der Technischen Universität Dortmund zum Thema Klimakrise und psychische Gesundheit forscht. „Jeder zweite Befragte zwischen 16 und 25 Jahren macht sich große oder extreme Sorgen wegen der Klimakrise", so Heinzel in ZDFHeute, was sich in Zorn, Hilflosigkeit und Schuldgefühlen manifestiert. Umso erstaunlicher ist der Humor, den die Plakate der Jugendlichen bei den Klimademos zeigen. Humor kann „ein Schild, eine Abwehr, eine Methode der Verarbeitung von Zuständen" sein, wie der Journalist Peter Kaiser im Zusammenhang mit dem jüdischen Witz im *Deutschlandfunk Kultur* schreibt. Das gilt auch, wenn man sich die scheinbare Ausweglosigkeit der Klimakrise vor Augen führt. Man kann verzweifeln oder ein Plakat „Love is in the air!" hochhalten – wobei „Love" durchgestrichen und durch „CO_2" ersetzt ist. Ersteres wünschen wir uns alle, Letzteres steht uns dabei im Weg. Was für eine Motivation für Klimaschutz!

Vor Jahren nahm ich am Begräbnis eines lieben Kollegen teil, den ich sehr gemocht hatte. Dabei erlebte ich, wie Humor auch in schwierigen Zeiten helfen kann, belastende und traurige Momente zu verdauen. Es waren fast hundert Freunde und Kolleginnen gekommen, sein

Vorgesetzter hielt die Grabrede, in der er Begebenheiten aus dem Leben des verstorbenen Mitarbeiters in Erinnerung rief. Er erzählte von einem Abendessen mit der Belegschaft, bei dem beide in der Küche standen, um die Speisen zuzubereiten. Der Vorgesetzte hatte darauf bestanden, auch ein vegetarisches Gericht zu kochen. Der Kollege, ein leidenschaftlicher Fleischesser, hatte nur den Kopf geschüttelt und gemeint: „Und wer soll das essen?" Fast alle Trauergäste (darunter auch ich) mussten kurz auflachen, so hatten wir ihn in Erinnerung, das war seine Art von Humor gewesen. Für einen kurzen Moment war es, als ob er wieder unter uns wäre, ein wunderschönes Gefühl. Eine ähnliche Szene spielte sich im Dezember 1989 bei der Beerdigung von Graham Chapman ab, einem langjährigen Mitglied der Komikergruppe Monty Python. Sein Kollege John Cleese hielt die Grabrede, die als Beispiel für schrägen Humor bei Beerdigungen in die Geschichte einging. Chapman hatte in unzähligen Sketches von Monty Python mitgewirkt, zu Berühmtheit gelangte er mit der Titelrolle in „Das Leben des Brian", aus dem der Song „Always Look on the Bright Side of Life" stammt. Cleese blickte in die bestürzten Gesichter der Trauergemeinde und begann mit den Worten: „Graham Chapman, Co-Autor des Sketches ‚Der Papagei ist tot' ist nicht mehr unter uns." Wie Chapman ihm letzte Nacht ins Ohr geflüstert habe, war er stolz gewesen, als erster Mensch das Wort „Shit" im britischen Fernsehen gesagt zu haben. „Wenn dies wirklich eine Trauerfeier für sein Gedenken sein soll, dann möchte ich, dass Sie die ersten Menschen sind, die jemals bei einem Begräbnis das Wort ‚Fuck' hören", fuhr Cleese fort. Die Trauergäste brachen in lautes Lachen aus, es war, als ob Chapman noch ein letztes Mal einen Sketch zum Besten gegeben hätte. Das rief ihn lebendiger in Erinnerung, als es salbungsvolle Worte über Leben und Persönlichkeit des Verstorbenen jemals vermocht hätten.

Auch die Klimakrise ist im Grunde eine traurige Geschichte, bei der es hilft, kurz zu lachen, statt in beständige Trauer und Verzweiflung zu verfallen. Jay Leno kommentierte den Weltklimabericht 2007 in seiner *Tonight Show* mit den Worten: „Laut einem neuen UN-Bericht sind die Aussichten für die globale Erwärmung viel schlechter als ursprünglich vorhergesagt. Was ziemlich schlecht ist, da ursprünglich vorhergesagt wurde, dass sie den Planeten zerstören würde."

Aufgrund der dramatischen Prognosen wäre eigentlich Panik angebracht, da hatte Greta Thunberg recht. Doch Panik lähmt, Humor dagegen dient „der seelischen Gesundheit", wie Sigmund Freud in seinem Werk „Der Witz und seine Beziehung zum Unbewußten" schreibt. Im Sommer 2023, als der österreichische Energiekonzern OMV verkündete, den größten Gasfund seit 40 Jahren entdeckt zu haben, konnte ich nicht anders, als laut aufzulachen. Das konnte nur ein Witz sein, wir wollten doch bis 2040 aus Erdgas komplett aussteigen? Die Journalistinnen und Journalisten hingegen waren begeistert, die Zeitungen überschlugen sich mit Jubelmeldungen wie „Die OMV schwimmt bald in Gas" (*Die Presse*) und „Bohr-Sensation! Riesiger Gas-Fund in Österreich" (*Heute*). Da ich in der Solarbranche arbeite, wusste ich, dass die Sonne nur vier (!) Stunden braucht, um 48 Terrawattstunden Energie auf Österreich einzustrahlen, so viel, wie im Gasfeld steckt. Allein die Solaranlagen fürs Heizen stellen in Österreich heute gleich viel Energie pro Jahr bereit. Verdoppelt man deren Bestand, ist das klimaschädliche Gasfeld überflüssig. Außerdem hatte das größte Unternehmen des Landes ganze 40 Jahre intensive Suche gebraucht, um diese bescheidene Energiequelle unter der Erde zu finden. Ich sah das als Beweis, dass bei den Fossilen nichts mehr zu holen ist. Meine Überlegungen amüsierten einen Redakteur des ORF, was mir einen Kurzauftritt in der reichweitenstarken Nachrichtensendung ZiB2 am Abend bescherte.

Mir fällt es tatsächlich immer schwerer, die fossile Lobby ernst zu nehmen, wenn sie uns leere Versprechungen macht. Die Fakten zeigen meist recht schnell, dass sie keine Zukunft, sondern nur die Hoffnung bieten will, dass alles so bleibt, wie es ist. Das sind tolle Aussichten angesichts einer Klimakrise, die den Planeten gerade auf eine Weise ruiniert, dass er auf lange Sicht ungemütlicher wird. Müssen wir die Menschen vielleicht noch stärker auf die drohende Gefahr aufmerksam machen, um sie aufzurütteln? Dieser Vorschlag kommt immer wieder, ist aber keine gute Idee. Denn die Erkenntnis, dass die Welt untergeht, hält die Menschen eher davon ab, etwas dagegen zu unternehmen, wie wir gleich sehen werden.

Weltuntergang macht traurig und müde

Im Folgenden beschreibe ich einige der besten Dystopien, die sich Künstler und Filmemacherinnen haben einfallen lassen, um die Menschen beim Klimathema aufzurütteln. Das ist keine aufmunternde Lektüre. Wir werden aber nicht lange auf dieser falschen Ausfahrt bleiben, danach geht das Buch heiter weiter. Doch für jetzt gilt: Anschnallen, es geht los!

Es war ein heißer Sommertag im Jahr 2004, das Hemd klebte am Körper, die Hitzewelle wollte seit Tagen kein Ende nehmen. Ich schleppte mich müde durch die Stadt, in der Nacht davor hatte ich wenig geschlafen, es war viel zu warm dafür gewesen. In der Auslage eines Kinos erblickte ich ein Plakat der New Yorker Freiheitsstatue, besser gesagt nur ihren hochgestreckten Arm mit der Fackel, rundherum war alles vereist. Es war die Ankündigung von „The Day After Tomorrow", dem Blockbuster von Roland Emmerich, der einige tolle Kritiken erhalten hatte. Da Kinos meist eine Klimaanlage haben, erstand ich eine Karte und verbrachte die nächsten zwei Stunden in einer Welt, die ganz anders war als jene draußen vor der Tür. In einer spannend erzählten Geschichte geriet das Klima aus den Fugen, halb Amerika wurde in rasendem Tempo von Kälte und Eis überzogen. Der Paläoklimatologe Jack Hall (er sah Al Gore ähnlich) hatte die Veränderung als erster bemerkt, die Temperatur des Golfstroms war rapide gesunken, was ihn beunruhigte. Überall im Atlantik fielen die Temperaturen, bis hin zur amerikanischen Küste. Wo die kalte Strömung aufs Land traf, löste sie Tornados aus, die Hochhäuser verwüsteten, Autos wie Spielzeug durch die Luft wirbelten und Flugzeuge mit schreienden Passagieren vom Himmel holten. Von einer Raumstation aus beobachteten Astronauten, wie sich ein gewaltiger Hurrikan über dem amerikanischen Kontinent bildete, der große Mengen eiskalter Luft aus höheren Schichten Richtung Boden zog. Jack Hall wurde ins Weiße Haus zitiert, um dem Präsidenten zu erklären, was da draußen los sei. Nach einem kurzen Briefing, das einer Kurzfassung der Klimavorträge von Al Gore glich, entrollte Hall eine Landkarte und zeichnete auf halber Höhe der USA eine horizontale Linie. Dann erklärte er dem Präsidenten, dass „alle Menschen südlich dieser Linie sofort evakuiert werden müssen, am besten nach Mexiko". Dieser stutzte und fragte, was mit den Menschen im Norden sei. Hall zuckte die Achseln: „Für die ist es zu spät." Wie zu erwarten, schüttelte der Präsident den Kopf und erwiderte, dass „wir doch nicht das halbe Land evakuieren können, nur weil ein Wissenschaftler glaubt, dass sich das Klima ändert". Die Warnung wurde abgeschmettert, die Vereisung ganzer Landstriche setzte sich fort, Hunderttausende Menschen flohen in den Süden. Wegen des Ansturms wurde die Grenze von Mexiko aus dichtgemacht, was eine ironische Umkehr der üblichen Fluchtbewegungen von Mexiko in die USA war. Der Präsident spielte den Helden und erfror im Weißen Haus. Sein Vize schaffte es in letzter Minute ins mexikanische Exil, wo er eine bewegende Rede an die erfrierende Nation jenseits der Grenze hielt.

Als ich das Kino verließ, empfing mich wieder die drückende Hitze der Stadt. Überraschenderweise hatte ich dennoch den Wunsch, mich an einer heißen Suppe zu wärmen. Der Film bringt einen mitten im Hochsommer zum Frösteln.

Denkt Hollywood über das Klimathema nach, sind in erster Linie Blockbuster das Resultat, in denen große Katastrophen passieren. Damit lässt sich die Klimakrise als Abenteuer erzählen, bei dem Heldinnen und Helden in große Gefahr geraten und am Ende mit letzter Kraft die Welt retten. Nicht immer gehen die Filme gut aus, manchmal bleibt eine verwüstete Welt zurück, in der nur wenige Menschen überleben. Außerdem werden die klimatischen Zusammenhänge total verkürzt, weil sich der Untergang in einer Filmlänge ausgehen muss. Man verlässt das Kino mit einem leichten Schauer und der Überzeugung, dass es so schlimm nicht kommen wird, weil das alles ziemlich übertrieben war. Nach solchen Filmen gibt es nicht mehr Klimaschützer und Aktivistinnen im Land als vorher, sondern eher weniger.

Als der ehemalige US-Vizepräsident Al Gore dem Filmemacher Davis Guggenheim den Vorschlag unterbreitete, statt eines Katastrophenfilms einen spektakulären Aufklärungsfilm in Kinolänge zu drehen, war dieser skeptisch. Ob sich aus dem Wissen der Klimaforschung ein abendfüllender Film machen ließ, bei dem die Kinobesucherinnen und -besucher bis zum Schluss blieben? Gore lud Guggenheim ein, sich einen seiner legendären Vorträge anzusehen, die eine Mischung aus Information und Unterhaltung waren. Der Filmemacher war „schlichtweg überwältigt", es gab spektakuläre Bilder und showmäßige Einlagen, damit hatte er nicht gerechnet. Gore hatte in den 1990er-Jahren etwa tausend solcher Vorträge gehalten, sie wurden der rote Faden des Films. In einer Szene zeigt Gore die steigenden Treibhausgasemissionen der letzten 650.000 Jahre, indem er eine Hebebühne erklimmt, die ihn mehrere Meter in die Höhe hievt, um das obere Ende der Kurve zu erreichen. Der Kinofilm „Eine unbequeme Wahrheit" wurde zum dritterfolgreichsten Dokumentarfilm aller Zeiten, nach „Fahrenheit 9/11" und „Die Reise der Pinguine". Er spielte fast 50 Millionen Dollar ein. Doch selbst tausend Vorträge führten nicht dazu, dass die Menschen danach heimgingen und den Vorsatz fassten, ihr Leben zu ändern, um die Welt zu retten. Ich kann mich an eine Umfrage erinnern, dass die Amerikanerinnen und Amerikaner zehn Jahre nach dem Film weniger an die Existenz des Klimawandels glaubten als davor.

Dramatische Fakten allein haben eher abschreckende Wirkung, wie es scheint. Diese Erfahrung machte auch Johan Rockström, als er beim Weltwirtschaftsforum 2023 in Davos den Wirtschaftsbossen die Kipppunkte des Erdklimas erklärte. Der Direktor des Potsdam-Instituts für Klimafolgenforschung nahm sich ein Beispiel an Gore, auf einer riesigen Videowand erschien eine Weltkarte mit 16 pulsierenden roten Punkten, zwischen denen bunte Linien flossen, die den Golfstrom und andere Meeresströmungen darstellten. Die roten Punkte waren die Klima-Kipppunkte, „die zusammen das gesamte Weltklima regulieren", wie er betonte. Werden sie instabil, ändert sich alles, bei neun Punkten sei es bereits so weit. Dann legte er nach und warnte, dass es „immer mehr wissenschaftliche Beweise gibt, dass sich die Kipppunkte gegenseitig beeinflussen, wie bei einem Dominoeffekt". Sein Vortrag gipfelte in der Aussage, dass wir längst in einer planetaren Krise angelangt sind. Die führenden Wirtschaftsvertreterinnen und -vertreter waren vermutlich im ersten Moment irritiert. Als sie abreisten, hatten sie den Vortrag jedoch schon wieder vergessen, kein einziger und keine einzige von ihnen machte danach mit weitreichenden Entscheidungen gegen die Klimakrise Schlagzeilen.

Wenden wir uns dem Klimaforscher Bill McGuire vom University College in London zu. Wie Rockström ist auch er der Meinung, dass wir schon viel zu lange gewartet haben und jetzt den Preis für unsere Selbstgefälligkeit in Form von Wetterextremen zahlen, die das Leben auf der Erde immer ungemütlicher machen. In seinem 2022 erschienenen Buch „Hothouse Earth" beschreibt er die Auswirkungen der globalen Erwärmung auf die Ernährungssicherheit und die Biodiversität. Die Kipppunkte des Klimas stehen dabei ganz oben auf der Liste der Gefährdungen, durch die sich die Erderwärmung von selbst fortsetzt, wenn sie überschritten werden – egal, was wir dann dagegen tun. Bill McGuire schreibt: „Ein Kind, das 2020 geboren wurde, wird in seinem Leben einer weitaus feindlicheren Welt gegenüberstehen als seine Großeltern."

Wie zum Beweis waren die im Buch angekündigten Temperaturrekorde kurz vor der Veröffentlichung geknackt worden, in England war es erstmals über 40 Grad heiß, der alte Rekord hatte nur zwei Jahre gehalten. „Das ist das Problem, wenn man ein Buch über die Klimakrise schreibt, bei der Veröffentlichung ist es schon nicht mehr aktuell, weil sich die Dinge so rasch ändern", bedauerte der Autor in einem Interview mit dem *Guardian*, der auch ein zweiminütiges Video in den Beitrag einbettete, das die Ergebnisse des Buches zusammenfasste. Es machte den Katastrophenfilmen aus Hollywood alle Ehre, im Sekundentakt wechseln sich Waldbrände, Überschwemmungen, Stürme und Trockenheit ab. Es werden Kriege um Nahrungsmittel begonnen, frische Luft in den Städten wird knapp, die Korallenriffe bleichen aus und Küstenregionen werden überschwemmt. Noch können wir das Ruder herumreißen, wie es am Ende des Videos heißt, „auch wenn es hart wird". Als Belohnung wird eine Welt mit sauberer Luft, Solaranlagen und Windrädern präsentiert, Schmetterlinge fliegen über Blumenwiesen, die erholte Natur „sei bereit für die Zukunft, was auch immer kommen mag". Ich habe mir das Video mehrmals angesehen, um herauszufinden, warum es mich gleich beim ersten Mal deprimiert hatte. McGuire betonte im Interview, das Handeln gegen die Klimakrise sei ein Ruf zu den Waffen („a call to arms", kein Scherz!), der Weg ins Paradies sei mit Mühsal und Verboten gepflastert. Das war möglicherweise die Antwort auf meine Frage. Wen Schilderungen wie diese zu klimafreundlichem Handeln motivieren, der hat wahrscheinlich einen Hang zu Sado-Maso-Spielen, zur Lust an Furcht und Ausgeliefertsein.

Doch das Ende der Fahnenstange war damit nicht erreicht, es geht noch dramatischer, wie ich schon zuvor, im Sommer 2021, herausgefunden hatte. In einer Buchhandlung fiel mir Frank Schätzings Buch „Was, wenn wir einfach die Welt retten“ in die Hand, von dessen Titel ich mir einen positiven Ausblick in eine klimaneutrale Zukunft erhoffte. Schätzing ist einer der erfolgreichsten Autoren Deutschlands, sein packender Umwelt-Thriller „Der Schwarm“ verkaufte sich fast vier Millionen Mal und wurde in 27 Sprachen übersetzt. Ein Thriller-Autor wirft einen unverbrauchten Blick aufs Klima, dachte ich, das Buch musste ich lesen. Tatsächlich hatte Schätzing nicht mehr Ahnung vom Klimathema als jede Durchschnittsbürgerin, wie er freimütig gestand. Er begann sich in Klimaberichte einzulesen und arrangierte die Ergebnisse neu, um, wie er in dem Buch schreibt, der Klimakrise „das Abstrakte, Glaubenskriegerische zu nehmen“. Dann setzte er das gewonnene Wissen in eine packende Geschichte um. Er ersann, das ist Teil des Buches, ein Drehbuch zu einer siebenteiligen Fernsehserie, die mit dem Klimaabkommen von Paris 2015 beginnt. Die erste Folge ist voller Hoffnung und Zuversicht, ein Skeptiker der Klimabeschlüsse wird mit den Worten „Mann! Jetzt freuen Sie sich doch mal!“ beschwichtigt. Die nächste Folge spielt fünf Jahre später, es war in der Zeit zwar viel geredet, aber wenig getan worden, die noch junge Fridays-for-Future-Bewegung gibt entmutigt auf. Donald Trump wird mehrfach geklont (wer kommt auf so eine Idee?) und harrt in einer unterirdischen Forschungsanlage seiner ununterbrochenen Wiederwahl bis zum Jahr 2200, wobei er ständig „Es wird kühler werden“ murmelt. In der dritten Folge werden mehrere Kipppunkte des Klimas überschritten, am Äquator herrschen Temperaturen wie vor drei Millionen Jahren. Die vierte Folge spielt um 2050, dem Zieljahr des Pariser Abkommens, die Erde hat sich um drei Grad gegenüber der vorindustriellen Zeit erwärmt. Immer noch ist nichts wirklich Dramatisches passiert, außer dass die natürlichen Lebensgrundlagen der Menschen in den ärmsten Regionen der Welt langsam versiegen.

Erst in der fünften Folge steigt der Nervenkitzel, die arktische Tundra beginnt zu tauen und entlässt gigantische Mengen Methan in die Atmosphäre. Das Artensterben beginnt sich im Minutentakt zu beschleunigen, unerwartete Rückkopplungen im Klimasystem bringen die Welt ins Taumeln. Die Hauptfigur „hat die Schnauze voll und will aussteigen", doch der Autor schlägt ihm die Bitte ab. „Pech gehabt. Aus dieser Serie steigt niemand aus." In dieser Krise sind wir alle Akteure, jeder von uns ist mittendrin. Ab der sechsten Folge läuft die Sache aus dem Ruder, Milliarden Menschen verlassen ihre Heimat und machen sich auf den Weg in andere Gegenden, wo es noch Wasser und Lebensmittel gibt. Mittlerweile sind fast alle Kipppunkte des Klimas überschritten und die Erwärmung beschleunigt sich rasant von selbst, die Lage wird unübersichtlich. Politikerinnen und Politiker diskutieren aberwitzige Ideen, um die Erwärmung aufzuhalten. Ein Chaostheoretiker schlägt vor, Atombomben in Vulkane zu werfen, um gewaltige Mengen Ruß in die Atmosphäre zu schleudern. Durch Vulkanausbrüche hatte sich die Erde schon in der Vergangenheit immer wieder abgekühlt, denken wir an die Kleine Eiszeit. Als ein Krisenstab aus hochrangigen Expertinnen und Experten den Vorschlag annimmt, weiten sich die Augen des Chaostheoretikers vor Entsetzen. Er hatte das Ganze als Witz gemeint. Die letzte Folge spielt im 22. Jahrhundert und endet mit einem globalen Kollaps der Zivilisation. „Wer stirbt, der stirbt. Wenn's knallt, dann knallt's", so das Fazit.

Langsam verlor ich die Hoffnung, etwas Erbauliches und Vergnügliches zum Klimathema zu finden. Bei einer Veranstaltung der oekostrom AG zum Thema „Humor in Zeiten der Klimakrise" berichtete der Historiker Philipp Blom, ein tschechischer Klimaaktivist habe ihm einmal erzählt, dass es bei der Beschäftigung mit dem Klima drei Phasen gebe, die er nach langen Jahren des Engagements kennengelernt hatte. Die erste Phase heiße Optimismus: „Wir schaffen das, wir bekommen die Klimakrise in den Griff!" Die zweite Phase heiße Pessimismus: „Es geht einfach nichts weiter, wir können uns noch so bemühen!" Die dritte Phase heiße Alkoholismus. Ich kenne das aus eigener Erfahrung, manchmal sind die Meldungen der Klimaforschung so deprimierend, dass man alles hinschmeißen möchte.

Auch nicht besser ging es mir, nachdem ich die US-amerikanische Komödie „Don't Look Up" 2021 im Kino gesehen hatte. In der Geschichte entdecken Astronominnen und Astronomen einen Kometen mit etwa neun Kilometer Durchmesser, der sich auf Kollisionskurs mit der Erde befindet (eine Anspielung auf den Asteroiden vor 66 Millionen Jahren, der zehn Kilometer Durchmesser hatte). Ihre Berechnungen ergeben, dass noch sechs Monate und 14 Tage bleiben, bis er auf der Erde einschlägt, die Wucht würde nahezu das gesamte Leben auslöschen, wie einst bei den Dinosauriern. Entsetzt wenden sie sich an die US-Präsidentin, die der Analyse jedoch keinen Glauben schenkt. Daher suchen sie die Medien auf, um die Bevölkerung vor der großen Gefahr zu warnen. Womit sie nicht rechnen, ist, dass die Medien die Kometenwarnung nicht ernst nehmen und sie als unterhaltsame Story betrachten, über die sie sich lustig machen. In einer Talkshow witzelt der Moderator, der Komet treffe hoffentlich das Haus seiner Ex-Frau, was ihm die Zahlung weiterer Alimente ersparen würde. Dem Entsetzen des Forschers, gespielt von Leonardo di Caprio, hält der Moderator entgegen, seine Sendung sei nicht das richtige Format, um ernste Themen zu behandeln. Schließlich ordnet die Präsidentin an, den Kometen mit Atombomben vom Himmel zu holen. Da schaltet sich ein verhaltensorigineller, visionärer Konzernchef ein, der an Jeff Bezos oder Elon Musk erinnert. Bei einem Krisentreffen im Weißen Haus raunt er der Präsidentin zu, der Komet bestehe aus wertvollen Mineralien, die man zur Herstellung von Mobiltelefonen und Computern benötige. „Uns gehen die wertvollen Rohstoffe wie Yttrium, Terbium, Osmium, Dysprosium und so weiter aus“, erklärt er, „weil China fast alle Minen besitzt, in denen diese abgebaut werden. Der Komet, der auf die Erde zurast, enthält mindestens 32 Billionen Dollar an kritischen Mineralien, die wir nutzen könnten.“ Der Komet sollte also nicht komplett zerstört, sondern durch gezielte Explosionen in kleine Teile zerlegt werden, die man nach dem Aufschlag einsammeln kann. Der Vorschlag gelangt an die Medien, die Debatte verschiebt sich, von da an geht es nur mehr um die vielen Arbeitsplätze, die geschaffen werden könnten, wenn man „die Sache mit dem Kometen managt“.

Die öffentliche Stimmung dreht sich, laut Umfragen ist mittlerweile nur mehr ein Drittel der Menschen dafür, den Kometeneinschlag zu verhindern. Ein Viertel ist sogar überzeugt, die Geschichte sei frei erfunden und der Komet existiere gar nicht. (An dieser Stelle überlegte ich kurz, den Kinosaal zu verlassen, denn solchen Unsinn kannte ich bereits aus der Wirklichkeit.) Tatsächlich wird ein Dutzend Raketen ins All geschickt, um den Kometen in Stücke zu sprengen. Doch der Versuch misslingt, er rast weiter auf die Erde zu. Noch ist er am Himmel nicht zu sehen, die Präsidentin beschließt daher eine Kehrtwendung und verkündet vor 20.000 Anhängerinnen und Anhängern, dass es den Kometen gar nicht gebe und er nur eine Kampagne der politischen Gegner sei, um der Bevölkerung Angst und Schrecken einzujagen. „Ihr wisst, warum sie wollen, dass ihr angstvoll in den Himmel blickt", ruft sie der Menge zu. „Sie wollen, dass ihr Angst habt, weil sie dann von oben auf euch herabschauen können, weil sie denken, etwas Besseres zu sein." „Don't Look Up! Don't Look Up! Don't Look Up!" Bald ist die Parole im ganzen Land zu hören, eine Protestwelle gegen die Kometenlüge brandet auf, die Menschen schöpfen wieder Hoffnung. Die dramatische Wende folgt, als ein Teilnehmer einer Kundgebung kurz zum Himmel blickt und einen Feuerball erspäht, der auf die Erde zurast. Ab da bricht Chaos aus, alle laufen wild durcheinander, es herrscht blanke Panik. Der Komet schlägt schließlich ein, eine gigantische Staubwolke erhebt sich, Druckwellen rasen über den Planeten, ein Stück Erdoberfläche wird ins All geschleudert. Inmitten des Wahnsinns steigt ein Raumschiff auf, an Bord die Präsidentin, der Konzernchef und 2000 Menschen, die in letzter Minute fliehen konnten. Die Passagiere werden in einen Kälteschlaf versetzt und landen 22.000 Jahre später auf einem bewohnten Planeten, weit draußen im All. Als sich die Luke öffnet, kommen nackte Menschen heraus, noch etwas wackelig auf den Beinen. In der Ferne sehen sie eine Herde von Fantasietieren, die sich bedrohlich nähert ... Der Film endet nicht mit einem Happy End.

Der Film „Don't Look Up!" wurde als Parabel auf unsere Zeit gefeiert, in der viele Menschen Zweifel an den wissenschaftlichen Erkenntnissen haben und nicht überzeugt sind, dass uns eine Klimakatastrophe bevorsteht. Die Klimaforscherinnen und -forscher identifizierten sich mit den Astronomen, deren dramatische Warnungen ignoriert werden. Die Idee mit den Raketen erinnert an den Vorschlag mancher Lobbyistinnen und Politiker, dass wir nur die richtige Technologie finden müssen, um die Klimakrise zu bewältigen. „Wir sind darauf eingestellt, mit unmittelbaren Bedrohungen fertig zu werden", sagt Regisseur Adam McKay in einem Interview, „die Vorstellung von langsamen, großen Veränderungen ist für viele von uns schwer zu begreifen." Der Komet war ein Hilfsmittel, um die Geschichte kompakter zu machen, wie er betont, im Wesentlichen gehe es aber um eine kolossale Bedrohung und die Reaktion der Menschen darauf.

Auch dieser Film war nicht erbaulich. Da ich im Grunde ein positiv eingestellter Mensch bin (der tschechische Klimaaktivist würde sagen, ich stecke in der ersten Phase fest), freute ich mich, als ich von der Vienna Biennale for Change 2021 erfuhr, die im Museum für Angewandte Kunst stattfand. Da mussten Beispiele zu finden sein, die auf ermutigende Weise von einer nachhaltigen Zukunft erzählen, hoffte ich. Doch als ich durch die Ausstellung schlenderte, kamen mir erste Zweifel. Ich fand eine Fotoserie der Rhonegletscher, die seit dem 19. Jahrhundert dramatisch geschrumpft sind. Auf den Fotos ist zu sehen, wie sie mit weißen Vliesplanen überzogen sind, um das weitere Abschmelzen zu verhindern. Die Szenerie wirkte unwirklich, wie eine Installation des Verhüllungskünstlers Christo. Nur die Bildbeschreibung machte deutlich, dass man reale Bilder vor sich hatte und kein Kunstprojekt. Ein paar Räume weiter fand ich eine wunderschöne, fragile Spiralmuschel, die in einen alten Schraubstock gespannt war und jeden Moment zu zerbrechen drohte. Der belgische Künstler Nicolás Lamas wollte mit der Installation deutlich machen, dass wir eingreifen müssen, um die Natur zu retten, was ihm auf eindrucksvolle Weise gelang. Ich wollte die Muschel schon berühren, als sich mit raschem Schritt ein Museumswärter näherte. Ich vergrub meine Hände in den Taschen und wechselte verschämt zum nächsten Saal.

Dort fand ich einen verkohlten Wald vor, der den ganzen Raum füllte. Die Künstlergruppe Superflux hatte 400 Bäume aus einem Waldbrand in Niederösterreich ins Museum verfrachtet und in Reih und Glied aufgestellt. Die Mitte bildete ein Teich mit ein paar noch lebenden Bäume rundherum. Durch die gespenstische Szene führte ein schmaler Weg, der Teich war ein Spiegel, und man wurde aufgefordert, hinzuschauen, „bis sich das Bild verändert und etwas Überraschendes zum Vorschein kommt". Ich stand eine Weile da und schaute, doch nichts geschah. Angeblich hätte man das Spiegelbild von Wildtieren sehen sollen, die sich übers Wasser beugen, um zu trinken. Irgendwann gab ich auf und folgte dem Weg hinaus aus dem düsteren Wald. Die Installation hätte unsere Verbindung zur Natur und das „Übersetzen zukünftiger Ungewissheit in heutige Entscheidungen" zeigen sollen. Ich muss gestehen, dass ich nichts davon verstanden hatte und zudem in schlechterer Stimmung war als vorher.

Auch Kunstschaffende liefern oft dystopische Bilder, wenn es um Natur und Klima geht, das Ergebnis ist meist eine „bedrohte, ausgebeutete, zukunftslose Umwelt", wie die Kunstwissenschaftlerin Ann-Katrin Günzel sagt. Künstlerinnen und Künstler begründen das mit der Absicht, schockieren zu wollen, um die Menschen wachzurütteln. Doch sie rufen nur Abwehrreaktionen hervor, wie ich an mir selbst feststellte. Manche Kunstwerke schaffen es, den Untergang subtiler zu zeigen, was es leichter macht, sich darauf einzulassen, wie das nachgebaute McDonalds-Restaurant der dänischen Künstlergruppe Superflex (sie heißt ähnlich wie Superflux, ist aber eine andere), das im Zeitlupentempo geflutet wird. Die Installation soll auf den steigenden Meeresspiegel aufmerksam machen. Man kann zusehen, wie Teller, Besteck, Schachteln und Servietten im Wasser treiben, das Ganze wirkt irgendwie gespenstisch, aber nicht schockierend. Den aus meiner Sicht interessantesten Ansatz fand der amerikanische Künstler Jonathan Schipper, als er einen VW-Golf in Zeitlupe an die Wand fahren ließ. Das Auto bewegte sich mit sieben Millimeter in der Stunde, für den Betrachter schien es stillzustehen. Ein paar Wochen später war es mit geknickter Motorhaube und aufgesprengter Fahrertür wie bei einem Frontalzusammenstoß gegen die Wand gedrückt. Die Katastrophe hatte sich im Zeitlupentempo ereignet, das erinnert an die Klimakrise. Der Künstler sah seine Installation als Anklage gegen den Geschwindigkeitsrausch unserer Zeit, sie konnte aber auch als Allegorie auf die Klimakrise verstanden werden, wo lange Zeit scheinbar nichts passiert und erst am Schluss das volle Ausmaß der Katastrophe sichtbar wird.

„Ehrlich gesagt, ich habe auch ohne Klimawandel schon genug Sorgen", höre ich oft, wenn es um das Thema Klimakrise geht, die Katastrophenszenarien werden als zusätzliche Belastung empfunden. Ich hoffe, ich konnte mit den geschilderten Beispielen verständlich machen, dass wir so nicht weiterkommen. Wir brauchen positive, ermutigende Bilder, die eine nachhaltige Zukunft als einen Ort der Zuversicht vermitteln, nicht als einen Ort der Angst. Lassen wir daher die dramatischen Bilder hinter uns und wenden wir uns einer bunten, lebendigen Zukunft zu, die auf uns wartet, wenn wir die Klimakrise meistern.

Oh, a million dreams for the world we're gonna make!

P!NK, A MILLION DREAMS

Zukunft in bunten, lebendigen Bildern

Was haben ein 2300 Kilometer langes Korallenriff und Häkelnadeln gemeinsam? Seit zwei Jahrzehnten nehmen Tausende Menschen auf der ganzen Welt ihre Häkelnadeln zur Hand, um bunte Skulpturen zu schaffen, die den natürlichen Vorbildern am Great Barrier Reef in Australien zum Verwechseln ähnlich sehen. Das Riff an der Nordostküste ist die größte lebende Struktur dieses Planeten, auf einer Fläche so groß wie Italien. Die Hälfte der Korallen ist wegen der steigenden Wassertemperatur durch den Klimawandel bereits abgestorben und ausgebleicht. Das Riff wurde zum UNESCO-Weltnaturerbe erklärt, um die weitere Zerstörung zu verhindern, was aber nicht viel gebracht hat, wie die letzten Jahre zeigen. Die Idee der gehäkelten Korallenriffe stammt von den Schwestern Margaret und Christine Wertheim, die im Jahr 2003 in Los Angeles ein Institut gegründet haben, das sich mit den „poetischen und ästhetischen Dimensionen von Naturwissenschaft und Mathematik“ beschäftigt. Sie waren überzeugt, dass man hyperbolische Geometrie häkeln kann, woraus das Crochet Coral Reef Project entstand, eine Verbindung von Mathematik, Meeresbiologie, Handwerk und Gemeinschaft. Mehr als 20.000 Häklerinnen aus aller Welt, ausschließlich Frauen, haben in mühevoller Handarbeit Skulpturen erschaffen, die zum Staunen bringen und in Erinnerung rufen sollen, dass die Riffe bald nur mehr gehäkelt in Vitrinen zu bewundern sein werden, wenn wir so weitermachen. Die teilweise meterhohen Kunstwerke waren schon in zahlreichen Ausstellungen in den USA und Europa zu sehen, auch bei der Kunstbiennale im Jahr 2019 in Venedig.

Man stelle sich eine Bilderserie mit grauen, abgestorbenen Korallenbänken vor, ähnlich wie die Fotos der schmelzenden Rhonegletscher. Und dann einen Raum voller Skulpturen und Vitrinen mit grellbunten Formen, bei denen man glaubt, sich unter Wasser zu befinden. In welcher Umgebung wären die Menschen eher bereit, sich auf die Botschaft der Ausstellung einzulassen, dass wir etwas gegen die Klimakrise unternehmen müssen? Schockierende Bilder erzeugen Abwehr und Empörung, faszinierende, bunte Objekte hingegen machen neugierig und laden ein, sich auf die Fragen dahinter einzulassen. Unter https://crochetcoralreef.org/about/gallery/ ist eine Vielzahl dieser wunderbaren Skulpturen zu sehen.

Können Korallen selbst über ihr Schicksal, ihren Stress, die Angst und Wut berichten, die sie empfinden, weil sie am Aussterben sind? Die Wiener Regisseurin Milena Michalek hat im Jahr 2021 ein originelles Theaterstück auf die Bühne gebracht, in dem sie genau das versuchte. Im Stück „Koralli Korallo“ wird gereimt, gestottert, gesungen und getanzt, die Schauspielerinnen und Schauspieler stellen die Gefühle der Tiere dar (Korallen sind Tiere, auch wenn sie aussehen wie Pflanzen), ihr Ringen ums Überleben in einer immer feindlicheren Umwelt. Michalek geht es in dem Stück nicht nur ums Korallensterben, sondern um eine „sinnliche Auseinandersetzung“ mit Sterben im Allgemeinen. Der Auslöser für das

Stück war ein Buch über Korallen, das ihr zufällig in die Hände gefallen war. „Ich habe tatsächlich erst am Ende des Buches begriffen, wie stark sie vom Klimawandel bedroht sind", gesteht Michalek in einem Interview mit den *Salzburger Nachrichten*. Im Stück geht es zeitweise chaotisch zu, an manchen Stellen muss man lachen, andere regen zum Nachdenken an. Die Kulisse besteht aus einer Wand aus gestapelten Kartons, auf denen ein buntes Wellenmuster aufgemalt ist, das das Meer symbolisiert. Sie wollte Statistik in Empathie übersetzen und „das Sterben als etwas Trauriges zulassen", sagt die Regisseurin. Das Theaterstück führt die Folgen der Klimakrise abseits von wissenschaftlichen Studien vor Augen, es berührt und vermenschlicht die Wirkungen der Erderwärmung auf die natürliche Umgebung. Wie bei den gehäkelten Riffen schafft es einen neuen Zugang, um über die Klimakrise nachzudenken, ohne in Verzweiflung oder Schuldgefühle zu verfallen.

Als ich Otmar Kastner, einem österreichischen Kabarettisten, von den künstlerischen Versuchen im Umgang mit der Klimakrise erzählte, schüttelte er den Kopf. „Was wir brauchen, ist eine Zukunft in authentischen und lebendigen Bildern, die jeder sofort versteht", meinte er, „wie bei ‚Raumschiff Enterprise'!" „Raumschiff Enterprise"? Je länger ich darüber nachdachte, umso mehr verstärkte sich der Eindruck, dass er den Kern der Sache getroffen hatte. Wie fühlt sich der Alltag in einer Zukunft an, die so ganz anders ist als die Gegenwart? Können wir uns vorstellen, in dieser Zukunft zu leben, wenn wir sie sehen? Welche Assoziationen weckt das in uns? Zukunft wird in Filmen und Kunstwerken ja oft als eine einzige Abfolge von Katastrophen dargestellt, entweder wird die Menschheit von Außerirdischen bedroht, versinkt im Eis oder wird von einem Kometen erschlagen, auf jeden Fall passiert irgendetwas Schreckliches, das niemand erleben will. Meine Vorstellung von Zukunft ist dagegen wie eine Episode von „Raumschiff Enterprise". Die Lebensumgebung ist komplett anders und utopisch, dennoch ist sie nachvollziehbar und man lebt mit den Charakteren mit, wenn sie in schwierige Situationen geraten. Alle kennen die Crew von Captain Kirk, Lieutenant Uhura, Commander Spock und Chefingenieur Scotty, Sprüche wie „Beam me up, Scotty!" (Kirk) oder „Faszinierend!" (Spock) haben Eingang in unseren Sprachschatz gefunden. Obwohl die Geschichte in einer Zukunft spielt, in der alles anders ist als heute, macht sie uns keine Angst, sondern schürt die Neugier, wie es sich in diesem Alltag lebt. Ein solcher Zugang fehlt beim Klimathema, die Vision einer klimaneutralen Zukunft, die uns neugierig macht und in der es allerhand zu entdecken gibt. Otmar Kastner hatte recht, es braucht eine Serie wie „Raumschiff Enterprise", die in einer klimaneutralen Zukunft spielt, mit Charakteren, die eine Menge Abenteuer erleben.

Die Charaktere müssen nicht unbedingt Menschen sein, auch das tollpatschige Riesenfaultier Sid in „Ice Age" liefert jede Menge Anekdoten, die man auch auf Partys erzählen kann. Die Geschichte spielt am Ende der Eiszeit vor 10.000 Jahren, Sid schließt sich dem Mammut Manny und dem Säbelzahntiger Diego an, zu dritt bestehen sie zahlreiche Abenteuer in einer Umwelt, die vom Klimawandel bedroht ist. Wenn man unterhaltsame Geschichten vom Ende der Eiszeit oder von einer fernen Zukunft im Weltall erfinden kann, warum nicht über eine klimaneutrale Zukunft?

„Raumschiff Enterprise" stand in den 1960er-Jahren in starkem Kontrast zur amerikanischen Gegenwart. Es zeigte eine liberale, humanistische Gesellschaft in einer Zeit, als der Kalte Krieg mit Russland herrschte, in Vietnam ein Krieg tobte und Sexismus und Rassismus den Alltag prägten. Die Schauspielerin Whoopie Goldberg erinnert sich, dass sie als junges Mädchen die ganze Familie zusammentrommelte, wenn auf dem Bildschirm eine schwarze Frau zu sehen war, die keine Dienstbotin oder Sklavin spielte. Auf der „Enterprise" wurden Tabus gebrochen, Lieutenant Uhura war die erste dunkelhäutige Frau, die im amerikanischen Fernsehen einen weißen Mann (Captain Kirk) küsste, was einen handfesten Skandal auslöste und fast zur Absetzung der Serie geführt hätte. „Der Erfolg der Serie war, dass die Kritik an den Verhältnissen der Gegenwart nicht mit erhobenem Zeigefinger rüberkam", meint Kastner. „Die im Raumschiff lebten einfach in einer anderen Zeit und wir durften zusehen, wie es ihnen dabei geht."

Ich würde mir eine gelungene Story wünschen, in der Menschen in einer veränderten, nachhaltigen Welt leben und uns an ihren Erlebnissen und Alltagssorgen teilhaben lassen. Eine ganz normale Familie im Jahr 2070 in einer klimaneutralen Welt, das wäre was! Damit ließe sich das Klimathema neu beleben und unsere Neugier entfachen, das wäre ein echter Beitrag der Kunst zum Klimaschutz.

Tanzen zur Klimakrise

Was wir zur Überwindung der Klimakrise auf jeden Fall brauchen, ist gute Musik. Sie hat eine unglaubliche Kraft und berührt uns mehr als jedes gemalte Bild oder geschriebene Wort. Emotional vorgetragene Lieder ziehen uns in ihren Bann, wie es keine andere Kunstform vermag. In „Britain's Got Talent" geben Laien ihre Gesangstalente zum Besten. In den berührendsten Fällen kommen der Jury und dem Publikum von der ersten Minute an die Tränen, so war es etwa bei Paul Potts oder Connie Talbot. Bisher gibt es noch nicht viele Songs zur Klimakrise, die meisten sind Protestlieder, wie der Hit „Jüngstes Gericht“ des deutschen Rappers Courtier. Im Refrain „es ist zwölf / es ist nicht mehr fünf vor zwölf“ geht es um einen Appell an die deutsche Politik, der Einrichtung eines Jugendrates zuzustimmen, der im Jahr 2019 zur Debatte stand. Auf Spotify wurde der Song immerhin 270.000 Mal gestreamt. Das Musikvideo erinnert an „Mission Impossible“, die Mitglieder der Band sitzen um einen langen Tisch und brüten über den Bauplänen des Bundestags, erkunden das Sicherheitssystem des Gebäudes und überlegen, wie sie unbemerkt hineinkommen. Der Weg aufs Dach des deutschen Bundestags ist öffentlich zugänglich, die Aufgabe ist also nicht ganz so schwer wie bei Tom Cruise. Auf halbem Weg zur Kuppel entrollt Courtier ein Transparent und wirft Flugblätter aufs Glasdach des Plenarsaals, während er „wir erobern das System, weil wir sonst keine Zukunft haben“ singt. Es dauert nicht lange, bis die Polizei einschreitet und die Musikerinnen und Musiker vom Geländer schneidet, an das sie sich gekettet haben. Das Lied fordert die Erwachsenen auf, „den Stock aus dem Arsch zu ziehen“ und zu handeln, bevor es zu spät ist. Nicht gerade ein erfreulicher Text.

Etwas fröhlicher geht es bei Tim Bendzko zu. Wenn er singt, er müsse „Nur Noch Kurz Die Welt Retten“, stimmen Tausende Fans bei den Konzerten ein. In dem Lied kommt er zu spät zum Date, weil er „noch 148 Mails checken“ musste. Es droht eine große Katastrophe, er will etwas dagegen tun, aber die Zeit läuft ihm davon. Es ist eine Heldengeschichte, der Retter stellt sich cool der Gefahr und verspricht, bald wieder zu Hause zu sein. Das Musikvideo haben 28 Millionen Menschen gesehen, das sind dreimal so viele wie bei der berühmten Rede von Greta Thunberg („How dare you!“) vor den Vereinten Nationen im Jahr 2019, die es auf neun Millionen Aufrufe brachte. Bendzko fährt im Video einen klimaschädlichen Oldtimer-Cabrio, der sich nicht zum Weltretten eignet. Dieser Widerspruch scheint ihm nicht aufgefallen zu sein – oder war vielleicht Teil des Erfolgs, wie Philipp Grütering von der Hamburger Electropunk-Hip-Hop-Band Deichkind vermutet. Als sich der Deichkind-Hit „Leider geil“ im Jahr 2012 ganze 26 Wochen in den deutschen Charts hielt, mit Liedzeilen wie „Autos machen Dreck, Umwelt geht kaputt / Doch 'ne fette neue Karre ist (leider geil)“, meinte er in einem Interview mit dem Magazin *Stern*: „Es ist nun mal so, dass die Produkte des Kapitalismus auch Spaß machen.“ Und weiter: „Es ist verdammt schwer, einen sexy Popsong über Klimaschutz zu schreiben. Schauen Sie sich die großen Hits der Beatles an: Das ist nicht ‚Mother Nature's Son‘, sondern es sind eher Songs wie ‚Baby, You Can Drive My Car‘.“

Popsongs behandeln aktuelle Themen ihrer Zeit, sie liefern „den Soundtrack der gesellschaftlichen Stimmung“, sagt Musikproduzent Markus Staiger, der Rapper wie Sido, Kool Savas oder Kay One bekannt gemacht hat, in einem Interview mit dem Portal *Klimafakten*. Das Fehlen von Hits mit Inhalten zum Klima ist seiner Meinung nach ein Zeichen, dass das Thema noch nicht im Mainstream der Gesellschaft angekommen ist. So weit sei es erst, wenn „sowohl Nena als auch Sido und Herbert Grönemeyer einen Klima-Nummer-Eins-Hit in den Charts landen.“

Ich musste an Philipp Grütering denken, als mich der Austro-Pop-Musiker Andy Baum fragte, ob ich ein Lied hätte, das ich in seiner Singer-Songwriter-Klasse am nächsten Tag präsentieren wolle. Das hatte ich, Jahre zuvor hatte ich einen Energiewende-Song verfasst: Da es in Popsongs meist um Beziehungen geht, schildere ich darin eine Liebesgeschichte, die wegen Ökostrom und Elektroautos fast zu scheitern droht. Die Musik ist dem britischen Song „Girls, Girls, Girls" der Popgruppe Sailor aus den 1970er-Jahren entlehnt, der die Gruppe (neben weiteren Hits wie „A Glass of Champagne") weltweit bekannt machte. Mein Text handelt von einem Pärchen, dessen Rendezvous fast platzt, weil sie um Stunden zu spät erscheint, da die Batterie ihres Elektroautos nicht geladen war. Kaum sind die beiden vereint, beginnt sie von seinen wundervollen Händen zu schwärmen und deren Gabe, mit ihnen geschickte Dinge anzustellen. Bevor er sich noch ausmalen kann, was sie damit meinen könnte, setzt sie ein Lächeln auf und bittet ihn nach draußen, um ihr zu helfen, das neue Solarmodul zu montieren, das sie sich gekauft hat. Enttäuscht, beim Rendezvous nicht auf Wolke sieben, sondern in der Werkzeuggarage gelandet zu sein, bricht er die Verabredung ab und fährt nach Hause. Kopfschüttelnd stellt er fest, dass es dieser Frau nur um „Strom, Strom, Strom" geht, so der Titel des Liedes. Es lassen sich offenbar auch amüsante Lieder über eine klimaneutrale Zukunft schreiben.

Zur Nachhaltigkeit kann man auch tanzen, wie der US-amerikanische Singer-Songwriter AY Young unter Beweis gestellt hat. Seine Lieder machen Stimmung wie bei einem Popkonzert, alle tanzen ausgelassen mit, wenn er von Solarenergie und Windkraft, von Klimafakten und Plastikmüll singt. So muss Klimaschutz präsentiert werden! Im Jahr 2022 startete er eine echte Mission Impossible, er nahm sich vor, alle 17 Nachhaltigkeitsziele der

Vereinten Nationen, die Sustainable Development Goals (SDG), in eingängige Songs zu verpacken. Ich war skeptisch, ob das gelingen kann, doch der Refrain „We can change the world" seines „Regeneration Anthem" (dem Song zu SDG 17, der Globalen Partnerschaft für nachhaltige Entwicklung) hat Hymnencharakter und wurde bei der 27. Klimakonferenz im ägyptischen Scharm El-Scheich (COP27) in Dauerschleife gespielt. AY Young hat immer eine tragbare Solarbatterie samt Photovoltaikanlage dabei, um den Strom für Mikrofon, Lautsprecher, Laptop und Licht bei seinen Konzerten von der Sonne zu beziehen. Nachhaltigkeit mit Lebensfreude zu verbinden, das gelingt mit Musik hundertmal besser als mit Studien. Wohl kaum jemand wird zu einem Klimabericht tanzen. Bei AY Young könnte das passieren.

Kunst als Zukunftsvermittler

Was haben Jackson Pollock, Mark Rothko und Willem de Kooning gemeinsam? Alle drei Maler waren mit Peggy Guggenheim befreundet, mit Pollock hatte sie eine jahrelange Affäre. Einige Werke dieser Künstler sind heute im Guggenheim-Museum in Venedig ausgestellt, einem unvollendeten, einstöckigen Palazzo am Canal Grande. Eine weitere Gemeinsamkeit der drei war, dass sie in ihrer Jugend in den neu gegründeten Kunstwerkstätten herumgehangen waren, die damals in den USA überall aus dem Boden schossen. Präsident Roosevelt hatte im Rahmen des New Deal in den 1930er-Jahren angeordnet, über hundert solche Werkstätten zu errichten, um jungen Künstlerinnen und Künstlern die Möglichkeit zu bieten, in gut ausgestatten Räumlichkeiten mit kostenlosen Farben, Leinwänden und sonstigem Material zu arbeiten. Die Werkstätten wurden von allen Kunstrichtungen genutzt, von Literatur über Malerei, Theater und Musik bis zum Film. Auch die drei jungen Künstler waren darunter, bevor sie später als abstrakte Expressionisten berühmt wurden.

Die Auflage der Regierung zur Nutzung der Werkstätten war es, Kunstwerke zu schaffen, die der Bevölkerung den New Deal, den Roosevelt ausgerufen hatte, näherbringen – den amerikanischen Traum von einem besseren, modernen Leben in der Zukunft (heute würde man das als Propagandaauftrag bezeichnen). Der New Deal sollte das Land aus der wirtschaftlichen Depression holen, die der Schwarze Freitag an der Börse im Oktober 1929 ausgelöst hatte. Die Industrieproduktion war um die Hälfte eingebrochen, die Löhne sanken um 60 Prozent, jeder und jede vierte Beschäftigte war ohne Arbeit. Im New Deal wurde eine Vielzahl öffentlicher Aufträge vergeben, die Millionen Menschen wieder Arbeit gaben, um Häuser, Brücken, Flughäfen, Staudämme und Straßen zu bauen.

Der Bau von Straßen und Brücken half den Künstlerinnen und Künstlern allerdings wenig, was Roosevelt auf die Idee mit den Werkstätten brachte. Er selbst hatte im Jahr 1904 an der Harvard University einen Bachelor of Arts erlangt und sich für Kunstgeschichte interessiert, was ihn vielleicht zu der Idee inspirierte. Die Kunstschaffenden wurden ermuntert, nicht nur in Galerien, sondern auch im öffentlichen Raum auszustellen, um die Bevölkerung zu erreichen. So entstanden zahlreiche Ausstellungen in Postämtern, Bibliotheken, Gefängnissen und Schulen.

Roosevelt hatte erkannt, dass Kunst ein wichtiger Vermittler ist, um politische Ziele in starke und einprägsame Bilder zu übersetzen, die jeder und jede intuitiv versteht. Die Arbeiten zeigten ein Amerika, das die Weltwirtschaftskrise überwunden hatte und florierte, ein Land des Fortschritts und Wohlstands, in dem es Arbeit für alle gab. Die Künstlerinnen und Künstler gestalteten mehr als 2000 Poster, die im ganzen Land verteilt wurden, um den Wert von Bildung, öffentlicher Gesundheit, guter Infrastruktur und intakter Natur zu vermitteln. Lässt sich diese Art der künstlerischen Vermittlung auf die heutige Zeit übertragen? Eine Gruppe junger Grafikerinnen und Designer wagte den Versuch und entwarf fast ein Jahrhundert später mehr als 50 großformatige Poster, die eine nachhaltige Zukunft mit sauberer Luft, erneuerbarer Energie und Green Jobs propagierten. Die Gruppe, sie nennen sich Creative Action Network, war in der Wahlkampagne von Barack Obama 2008 bekannt geworden, als sie Plakate im Stil von Andy Warhol entwarfen, die Obama schablonenhaft in Rot, Beige und Blau zeigten, mit den Worten Hope, Change und Progress.

Die Plakatserie für eine klimaneutrale Welt wurde im Jahr 2020 als Buch, „Posters for a Green New Deal", herausgebracht, mit herauslösbaren Seiten, um sie „in Schaufenstern, auf der Straße oder über der Kaffeemaschine im Büro" anzubringen. Auf der Rückseite jedes Plakats erklären kurze Texte, worum es beim jeweiligen Thema geht. Die grafische Anlehnung der Plakate an den New Deal der 1930er-Jahre hatte den Nachteil, dass sie wie historische Poster vom Flohmarkt wirkten. Doch der Absatz lief gut, manche erwarben gleich mehrere Exemplare des Buches und verteilten sie in der Familie. Die Darstellung einer nachhaltigen Zukunft in bunten, lebendigen Bildern sollte viele Menschen erreichen und positive Assoziationen wecken. Denn dies ist die Kraft, die es braucht, um Veränderungen in Gang zu setzen. Schon der französische Schriftsteller Antoine de Saint-Exupéry soll gesagt haben:

„Wenn du ein Schiff bauen willst,
beginne nicht damit, Holz zu sammeln,
Bretter zu schneiden und die Arbeit zu verteilen,
sondern erwecke in den Herzen der Menschen
die Sehnsucht nach dem Meer."

Es geht darum, die Sehnsucht nach einer klimaneutralen Welt zu wecken, dann werden die Menschen alles daransetzen, sie möglichst schnell zu erreichen, davon bin ich überzeugt. Denn eine nachhaltige Zukunft macht einfach Spaß und kann wunderschön sein, wie wir im nächsten Kapitel sehen werden.

Lasst uns an der neuen Welt bauen, die schöner sein wird als alles, was wir kennen.

KATHARINA ROGENHOFER,
KLIMAEXPERTIN UND AUTORIN

Die schöne Welt von morgen

Irgendetwas war seltsam hier, ich kam allerdings nicht dahinter, was es war. Ich stand vor dem Hotel, in dem ich mit meiner Familie in Kopenhagen übernachtet hatte, und grübelte vor mich hin. Auf der Straße war ungewöhnlich wenig Verkehr, nur vereinzelt fuhren Autos vorbei, dafür flitzten jede Menge Radfahrerinnen und Radfahrer über die breiten Streifen, die den Gehsteig vor dem Haus von der Straße trennten. Es fehlte etwas, das mir aus meiner Heimatstadt vertraut war, doch die Puzzleteile der Erinnerung wollten sich nicht recht zusammenfügen. Ich kehrte in die Lobby zurück und wandte mich an den Rezeptionisten: „Da draußen ist überhaupt nichts los, kein Verkehr, für eine Hauptstraße sehr ungewöhnlich. Die Straße wirkt so leer, wo sind die ganzen Autos, sind hier alle auf Urlaub?" Der Rezeptionist antwortete kopfschüttelnd: „Nein, alle sind da und es ist gleich viel los wie immer, ich sehe keinen Unterschied."

Mein ratloser Blick schien ihn zu amüsieren, er zuckte mit den Achseln und setzte seine Arbeit fort. Kurz darauf trat meine Familie aus dem Aufzug, ich vergaß den Gedanken und wir machten uns gemeinsam auf, die Sehenswürdigkeiten der Stadt zu erkunden. Wir durchstreiften das Viertel Nyhavn, flanierten am modernen Theaterbau Skuespilhuset vorbei und verweilten bei der kleinen Meerjungfrau, die als Bronzefigur an der Uferpromenade thront. Als wir abends müde ins Hotel zurückkehrten, erinnerte ich mich an das morgendliche Erlebnis. Ich betrat noch einmal die Straße vor dem Hotel. Da fiel mir wie Schuppen von den Augen, was die Lösung des Rätsels war: Es waren weit und breit keine parkenden Autos zu sehen. Eine Hauptstraße mitten in der Stadt mit Geschäften, Lokalen und Hotels, auf der man nirgends parken konnte, das hatte mich verwundert. Damit war auch klar, was es mit den breiten Streifen zwischen Gehweg und Fahrbahn auf sich hatte, auf denen sich unzählige Radfahrerinnen und Radfahrer tummelten. Es waren die ehemaligen Parkspuren für Autos, die nun als Fahrradwege dienten. Ich überredete meine Frau (die Kinder halfen fleißig mit), uns am nächsten Tag Leihräder auszuborgen, die dort offenbar von jedem Hotel angeboten werden. Sie willigte ungern ein, für sie hieß Radfahren in der Stadt, sich auf schmalen Streifen durch den Verkehr zu zwängen und manchmal unvermittelt mitten unter Autos zu landen, weil der Radweg plötzlich zu Ende ist. Doch Kopenhagen bot ein anderes Bild, wir radelten den ganzen Tag durch die Stadt, besuchten den Runden Turm in der Fußgängerzone, das spektakuläre Gebäude der Stadtbibliothek (den Schwarzen Diamanten) und den weitläufigen King's Garden, wo wir uns auf dem Rasen ausruhten. Als wir abends zurückkehrten und die Räder im Hotel einstellten, hatte meine Frau ihre Meinung geändert, wie es schien: „Das war richtig toll", sagte sie, „man fühlt sich hier als Radfahrerin so sicher, man hat unglaublich viel Platz und wird nicht von Autos bedrängt. Da würde ich sogar in Wien mit dem Rad zur Arbeit fahren."

Mit dem Fahrrad zu fahren hat in der dänischen

Hauptstadt eine Selbstverständlichkeit erreicht, die einen zum Staunen bringt. Nahezu die Hälfte aller Einwohnerinnen und Einwohner fährt mit dem Rad zur Arbeit, zur Schule oder zum Einkaufen, in Summe fast eineinhalb Millionen Kilometer am Tag. Eine Stadt mit so vielen Fahrrädern ist für passionierte Autofahrerinnen und Autofahrer ein Alptraum, würde man meinen. Doch in Kopenhagen sind auffallend viele Herren im Anzug und Frauen im Blazer auf dem Rad unterwegs, die man normalerweise in Autos vermuten würde. Auch begegnet man auffällig vielen Familien, die ihre kleinen Kinder im Lastenrad mitführen, statt sie mit dem Auto zu transportieren.

Der Siegeszug des Radverkehrs geschah nicht zufällig, die Stadtregierung hatte Fahrrädern über Jahre den roten Teppich ausgerollt. Als Radfahrende wurde man in Kopenhagen eindeutig gegenüber Autofahrenden bevorzugt. Letztere müssen bei Kreuzungen schon mal länger warten, um den Fahrrädern grüne Wellen zu verschaffen. Auch Pumpstationen wurden entlang der Radwege aufgestellt. Im Winter wird der Schnee zuerst auf den Radwegen geräumt, dann erst auf der Straße. Speziell für Radfahrende wurden kreuzungsfreie Schnellverbindungen quer durch die Stadt angelegt, wie die „Fahrradschlange" im Kopenhagener Hafen, eine 235 Meter lange und vier Meter breite Rad-Überführung quer durchs Hafenviertel, ähnlich den Autoüberführungen, die man früher baute, um den Autoverkehr zu beschleunigen.

Dem Radverkehr eine solche Priorität einzuräumen, war ungewöhnlich für eine Großstadt. Die stadtplanerische Entscheidung war jedoch nicht nach ideologischen Kriterien gefällt worden, sondern aufgrund umfassender Analysen, die das Verkehrssystem in einer dicht besiedelten Stadt als Ganzes betrachteten. „Wir haben alles durchgerechnet, der Fahrradverkehr ist die Best-Practice-Infrastruktur für Großstädte“, sagt Stadt- und Verkehrsplaner Mikael Colville-Andersen in einem Gespräch mit *Spektrum.de*.

In Kopenhagen wird diese Politik selbst von jenen mitgetragen, die normalerweise auf der Bremse stehen. Auch Parteien am rechten Rand unterstützen die Dominanz des Fahrrads, weil es das Fortkommen in der Stadt effizienter gemacht hat. Auf einem 2,5 Meter breiten Radweg können pro Stunde 6000 Menschen fahren, bei einer Autospur sind es nur 1300 Menschen. „Wir müssen viele Menschen bewegen und haben nicht viel Platz“, sagt Colville-Andersen. Mit 800.000 Einwohnerinnen und Einwohnern ist Kopenhagen nur ein Viertel so groß wie Berlin, die Bevölkerungsdichte ist aber doppelt so hoch. Je dichter eine Stadt, desto sinnvoller ist es, bei der Fortbewegung nicht allein aufs Auto zu setzen. Das hat die Stadtregierung erkannt und eine Vielzahl von Maßnahmen ergriffen, um den Radverkehr zu fördern. Mit eindeutigem Erfolg, wie man sieht.

Niemandem in Kopenhagen wurde vorgeschrieben, mit dem Rad zur Arbeit oder zum Einkaufen zu fahren, im Gegenteil. Die Stadtregierung „versucht den Menschen nicht einzutrichtern, Radfahren sei gesund und gut für die Umwelt“, sagt Colville-Andersen. „Das würde die Bevölkerung nicht überzeugen.“ Den Menschen wurde weiterhin die Wahl gelassen, das Radfahren wurde aber durch eine Vielzahl von Maßnahmen attraktiver gemacht. Statt mit Appellen zu überzeugen, wurde der öffentliche Raum umgebaut, um Radfahren einfacher und sicherer zu machen. Die Änderung der Verhältnisse hat über die Jahre zu einer Änderung des Verhaltens geführt. Nicht weil die Bevölkerung dazu gedrängt wurde, sondern weil Menschen die beste Lösung wählen, die ihnen geboten wird.

Die Bürgermeisterin von Paris, Anne Hidalgo, verfolgt seit 2014 einen ähnlichen Ansatz. Auch sie entschied, nicht auf moralische Appelle zu setzen, sondern die Stadt umzubauen, um es den Menschen leichter zu machen, zu Fuß oder mit dem Rad unterwegs zu sein. Von konservativer Seite war ihr der politische Untergang prophezeit worden, als sie die Sperre des Seine-Ufers für den Autoverkehr ankündigte, eine mehrspurige Verkehrsader quer durch die Stadt mit mehr als 40.000 Autos pro Tag. Die ganze Strecke sollte zur Fußgängerpromenade werden, die politischen Gegner malten das totale Verkehrschaos an die Wand. Doch das Gegenteil geschah. Nicht nur, dass die Staus ausblieben. Die neu gewonnenen Flächen wurden von der Bevölkerung mit Freude in Beschlag genommen. Bald säumten Bars und Gastgärten die Promenade, ein Sandstrand samt Liegestühlen, schwimmende Gärten, Galerien, Kletterwände, Kunstinstallationen und vieles mehr luden zum Flanieren ein. Das umgestaltete Seine-Ufer ist heute ein Tourismus-Geheimtipp für den Sommer in Paris. Auch ich habe meiner Familie vorgeschlagen, den nächsten Urlaub dort zu verbringen, um die Promenade zu erkunden.

Die Beispiele Kopenhagen und Paris zeigen, dass klimafreundliche Lösungen mehr Freude bringen und ein besseres Leben bieten, als wenn man an alten Strukturen festhält. Die Bürgerinnen und Bürger von Paris waren offenbar derselben Meinung und wählten Hidalgo bei der Kommunalwahl 2020 erneut für sechs Jahre ins Amt, um die Politik der Rückeroberung des öffentlichen Raumes fortzusetzen. Ermutigt durch die Wiederwahl kündigte sie an, rund 70.000 Parkplätze in der Stadt zu streichen und die Verkehrsflächen für den Autoverkehr zu halbieren, um mehr Platz für Fußgängerinnen und Radfahrer zu schaffen. Auf den freigewordenen Verkehrsflächen sollen 900 Kilometer Radwege entstehen, was an die Umwidmung von Parkspuren zu Radwegen in Kopenhagen erinnert. Der größte Clou wird die Verkehrsberuhigung der berühmten Champs Élysées: Die achtspurige Straße soll bis 2030 zur Fußgängerzone mit Hunderten Bäumen, Gastgärten und Trinkbrunnen werden, ein Freizeitparadies für Einheimische und Touristen. Ich sehe schon, ich werde in den nächsten Jahren öfter in Paris Urlaub machen müssen, um die Veränderungen live mitzuerleben.

Die Beispiele zeigen auch, dass Menschen nicht grundsätzlich gegen Veränderungen sind, wenn sie positive Erfahrungen damit machen. Manche mögen einwenden, so etwas sei vielleicht in Europa möglich, in autoverliebten Metropolen wie New York hätten solche Veränderungen aber keine Chance. Doch warum sollten sich die New Yorker Bürgerinnen und Bürger nicht für die bessere Alternative entscheiden, wenn sie ihnen geboten wird? Das war auch die Überlegung von Janette Sadik-Khan, die im Jahr 2007 vom damaligen Bürgermeister Michael Bloomberg zur Verkehrsstadträtin ernannt worden war. Gleich zu Beginn ihrer Amtszeit sorgte sie für Aufmerksamkeit, als sie erklärte, ihr Ziel sei nicht, „mehr Autos in der Stadt sicher von A nach B zu bringen“. Sie wolle mehr Freiheit im Verkehr, wobei sich ihre Auffassung davon deutlich von jener der herkömmlichen Stadtplanung unterschied: „Freiheit heißt, überall hinzukommen, ohne ein Auto benutzen zu müssen.“

Sadik-Khan entwickelte eine Strategie, um mehrspurige Straßen in schmale Fahrspuren, Radwege, Gehsteige und Baumreihen mit Parkbänken zu verwandeln. In ihrem Buch „Streetfight: Handbook for an Urban Revolution" beschreibt sie anhand zahlreicher praktischer Beispiele, wie man Fahrspuren reduziert, Gehwege verbreitert, Radwege einrichtet und gezielt Bäume pflanzt, um mehr Raum für die Fortbewegung ohne Auto zu schaffen. Als Mobilitätsbeauftragte hatte sie mit vielen Widerständen zu kämpfen, doch es gelang ihr mit Mut und Hartnäckigkeit, die Veränderung voranzutreiben. Auch Sadik-Khan schildert, wie Menschen den freigewordenen öffentlichen Raum umgehend in Beschlag nehmen und mit Gastgärten, Sitzgruppen, Schirmen, Sandkisten und Blumentöpfen beleben. In einigen Straßen in New York malten die Leute sogar den Asphalt bunt an, um die Rückkehr zu einer reinen Fahrstraße schwerer vorstellbar zu machen.

In den sieben Jahren ihrer Amtszeit konnte Sadik-Khan 60 Fußgängerzonen und 400 Meilen Radwege verwirklichen, dazu sieben Schnellbuslinien in die Vororte der Stadt. Ein privates Fahrradverleihsystem wurde eingeführt, und als Leonardo DiCaprio auf einem Citi Bike gesichtet wurde, stiegen die Buchungen explosionsartig an. Heute verfügt die Stadt über 30.000 Leihräder, bislang wurden damit mehr als 100 Millionen Fahrten zurückgelegt. Wie in Kopenhagen sind viele Radfahrspuren vom Autoverkehr getrennt, was Unfälle reduziert und das Radfahren sicherer macht. „Den Erfolg eines Radwegenetzes kann man daran erkennen, wie viele Frauen und Kinder sich auf zwei Rädern fortbewegen", meint dazu Janette Sadik-Khan.

Für eine klimaneutrale Zukunft braucht es Mut und Einfallsreichtum, wie man bei Hidalgo und Sadik-Khan sieht. Doch es gibt mehr Menschen, die dieses Talent besitzen, als man glaubt. Der französische Schriftsteller, Filmregisseur und Aktivist Cyril Dion und die Schauspielerin Mélanie Laurent haben etliche von ihnen besucht und ihre Erfahrung in einem Film festgehalten, der im Jahr 2016 im Kino lief. Wer ihn gesehen hat, hat das Kino hoffnungsvoller verlassen, als er es betrat, zumindest war das meine Erfahrung.

Eine Welt voller Lösungen

„Die Pflanzen stehen so dicht, dass wir eine halbe Tonne Gemüse auf einer Fläche von 300 Quadratmetern produzieren", schildert Nick Green und deutet auf lange Reihen von Zucchini und Salaten im Glashaus. Green war früher Cowboy, hatte aber immer schon Interesse daran, „irgendwas mit Pflanzen zu machen". Im Jahr 2008 sattelte er um, hängte den Cowboyhut an den Nagel und wurde zum Landwirt. Er gründete eine Farm nahe der nordenglischen Stadt Todmorden und nahm sich vor, die Auswirkungen seines Bauernhofs auf die Umwelt zu minimieren. Green übernahm nicht die Anbaumethoden der Bauern in der Umgebung, sondern begann sich mit Permakultur zu beschäftigen, die zwar mehr Arbeit macht, aber auch einen viel höheren Ertrag bringt. „Was die Produktion angeht", so Nick Green, „sind industrielle Betriebe total ineffizient, sie sind gut darin, Geld zu machen und schlecht darin, Nahrung anzubauen."

Er nannte seinen Bauernhof Incredible Farm und lud von überall Leute ein, um die alternativ geführte Landwirtschaft zu besuchen. Manche kamen für einen Tag, andere blieben wochenlang und halfen als Freiwillige bei den Feldarbeiten mit. Die Farm wurde zu einem beliebten Ausflugsziel für Schulklassen, fast jeden Tag standen welche am Hof. Wer sich für Permakultur interessiert, kann diese hier in der Praxis erleben. Green führt die Farm als gemeinnützigen Betrieb, er sieht sie mehr als Ausbildungsstätte für ökologischen Landbau denn als Produktionsbetrieb.

Die Incredible Farm ist die erste Station des Dokumentarfilms „Tomorrow – Die Welt ist voller Lösungen" von Cyril Dion und Mélanie Laurent. Man sieht junge Menschen begeistert in der Erde wühlen und lange Reihen von Pflanzen setzen, die sie Monate später mit strahlenden Gesichtern ernten. Bei den Recherchen reisten die beiden um die ganze Welt, um Menschen zu finden, die bereits heute versuchen, ein klimaneutrales Leben zu führen. Der ehemalige Cowboy Green war einer von ihnen, der seine Erfüllung darin gefunden hat, anderen Menschen die Kunst der Permakultur beizubringen.

Auch in der Normandie fanden Dion und Laurent einen Bauern, der Permakultur nutzt und über Erträge von 100 Euro pro Quadratmeter berichtete, wovon konventionelle Landwirte nur träumen können. Sie vereinbarten einen Termin mit dem UN-Sonderbeauftragten für Ernährung Olivier de Schutter und zeigten ihm, was sie herausgefunden hatten. Schutter nickte und erzählte von einer Studie der AgroParisTech, einem Bildungsinstitut der Agrar-, Bio- und Umweltwissenschaften in Paris, und dem Nationalen Institut für Agronomieforschung INRA, die ähnliche Anbauweisen in 68 Ländern untersucht hatten und zum Schluss gekommen waren, dass mit Permakultur gut zehn Milliarden Menschen auf der Welt ernährt werden könnten. Als Dion und Laurent erstaunt fragten, was die Politik davon abhalte, diesen Weg zu gehen, schüttelte Schutter den Kopf: „Dann müssten die Menschen doppelt so viel für Lebensmittel zahlen, das ist politisch völlig unhaltbar."

Ich bezweifle, dass das den Tatsachen entspricht. Wenn man den Geldfluss vom Bauern bis zum Supermarkt verfolgt, stellt man fest, dass nicht die Permakultur das Problem ist, sondern der Gewinn im Handel, der dadurch geschmälert würde. Das Magazin *Dossier* veröffentlichte im Jahr 2020 eine Sondernummer, „Supermacht Supermarkt: Die Welt der Handelsriesen", in der dargestellt wurde, wie die Einkäufer im Handel den Bäuerinnen oft das letzte Hemd ausziehen, um den eigenen Gewinn zu steigern. Verkaufen Bauern direkt an private Kunden und Kundinnen, bleibt ihnen wesentlich mehr, als wenn sie den Verkauf dem Handel überlassen. Ich kaufe gerne auf dem Bauernmarkt ein und habe Freude daran, den Menschen ins Gesicht zu sehen, die meine Karotten angebaut haben, statt sie in Folie verschweißt aus dem Regal zu nehmen. Oft muss ich dafür nicht einmal mehr zahlen, wie ich immer wieder erstaunt feststelle. Natürlich ist der Direktvertrieb mit mehr Aufwand und Zeit verbunden, für die Bauern und Bäuerinnen wie für mich. Auf dem Bauernmarkt schaffe ich niemals die Rekordzeiten eines Supermarkteinkaufs, wo ich mit routinierten Griffen perfekt platzierte Waren in den Einkaufswagen häufe. Noch schneller geht der Einkauf online. Doch so werden wir keine zehn Milliarden Menschen versorgen können. Also doch Permakultur als Lösung für eine klimaneutrale Welt?

Die nächste Station im Film „Tomorrow" war San Francisco. Bei dieser Stadt fallen einem sofort Filmklassiker wie „Vertigo" oder „Die Straßen von San Francisco" mit Michael Douglas und Karl Malden ein. Doch Dion und Laurent hatten anderes im Sinn, sie nahmen den Stadtplan zur Hand und suchten die Adresse der Müllsortierungsanlage raus. Sie hatten gehört, dass San

Francisco sich vorgenommen hatte, die weltweit erste müllfreie Metropole zu werden. Bereits heute werden beeindruckende 80 Prozent aller Abfälle wiederverwertet, die Bewohnerinnen und Bewohner sowie die Unternehmen der Stadt helfen dabei tatkräftig mit, wie die Abfallbeauftragte Julie Bryant im Film erzählt. Über die vor Jahren leidenschaftlich geführte Diskussion in Europa wegen der Abschaffung von Plastikstrohhalmen kann sie nur lächeln. Die gibt es bei ihnen schon lange nicht mehr, ebenso wenig wie Plastiktaschen, Styroporbecher oder Kunststoffflaschen. Was das Bewusstsein über das Müllaufkommen deutlich gesteigert hatte, war die Anhebung der Müllgebühren („Geld schafft Bewusstsein", wie mir ein österreichischer Verwaltungsbeamter einmal erklärte), die Gebühr war nach Art und Menge des Abfalls gestaffelt. Je weniger Restmüll anfiel, umso weniger musste man zahlen. Shawn Lawrence, die stellvertretende Direktorin des Hilton Hotels in San Francisco, erzählt von 150.000 Dollar weniger an Müllgebühren, seit sie im Hotel konsequent trennen.

Von einer müllfreien Stadt ist San Francisco trotzdem noch ein ordentliches Stück entfernt. Ist so etwas überhaupt möglich? Jedes Jahr am 18. März wird der Global Recycling Day ausgerufen, um die Aufmerksamkeit auf die enormen Abfallmengen zu lenken, die wir hinterlassen. Diese werden immer mehr, im Jahr 2050 rechnen die Vereinten Nationen mit zwei Drittel mehr Abfall weltweit als heute. Wir müllen die Welt zu, am besten merkt man das bei Plastik, das mittlerweile überall zu finden ist. Auch in unserem Körper. Der Umweltjournalist Benedikt Narodoslawsky war „ehrlich verstört", als er für eine Recherche zu Mikroplastik seine Ausscheidungen von einem Labor der MedUni Graz untersuchen ließ und unterm Mikroskop winzige Plastikfäden und kleine Plastikkügelchen gefunden wurden. Vermutlich ist das bei uns allen so.

Seit Jahren werden die Mülltonnen der Bewohner und Bewohnerinnen von San Francisco immer kleiner, was Hoffnung gibt, dass es irgendwann gelingt, die Abfallmengen in den Griff zu bekommen. Man muss nicht gleich so konsequent sein wie die Amerikanerin Bea Johnson, deren Restmüll eines ganzen Jahres in ein Gurkenglas passt. Dazu später mehr.

Folgen wir dem Filmteam zur nächsten Station, zum Besuch einer Null-Abfall-Fabrik, bei der es am Anfang gar nicht danach aussah, als ob dieses Vorhaben gelingen würde. Die Fabrik liegt in der Gemeinde Forest-sur-Marque nahe der belgischen Grenze östlich von Lille, einem idyllischen Ort mit 1700 Einwohnern und Einwohnerinnen. Man würde nicht vermuten, dass in dem kleinen Ort jedes Jahr gut zwei Milliarden Briefumschläge und Taschen aus Papier hergestellt werden. Emmanuel Druon hatte die ansässige Druckerei Pocheco im Jahr 1997 übernommen, die sich in einem desolaten Zustand befand, sowohl finanziell als auch ökologisch. Im Hof waren Fässer mit giftigen Chemikalien vergraben, die aus der Produktion stammten, wie er erzählt. Heute ist Pocheco ein ökologischer Vorzeigebetrieb, der viele Umweltpreise gewonnen hat. Statt giftiger Chemikalien wird Marseiller Seife verwendet, um die Druckmaschinen zu reinigen. Auf dem Dach sind Solaranlagen installiert, das Regenwasser wird gesammelt und in große Tanks geleitet. Druon sieht den Betrieb als eine Art Biotop, in dem zwar produziert, die Natur aber nicht über Gebühr strapaziert werden soll. Für jeden Baum, der für die Produktion gefällt werden muss, lässt er zehn Bäume in den umliegenden Wäldern nachpflanzen. Bei einem Blick auf den Lageplan des Unternehmens muss man die Produktionshallen regelrecht suchen, da sie zwischen Bambuswald, Obstgärten, Nistplätzen, Bienenstöcken und dem Teich schwer zu finden sind.

Oft wird die Industrie ins Feld geführt, um zu zeigen, dass Klimaschutz mit einer florierenden Wirtschaft nicht vereinbar ist. Pocheco beweist das Gegenteil und zeigt, dass es eine Frage der Haltung ist, ob beim Klimaschutz mehr an die Möglichkeiten oder an die Probleme gedacht wird. Doch Klimaschutz muss man sich auch leisten können, wie es heißt. Als Dion und Laurent den Firmenchef fragen, wer die ökologischen Maßnahmen finanziert, lächelt er. „Wir finden, dass es unseren Aktionären gut geht, wir schütten seit Jahrzehnten keine Dividenden aus", erklärt er. Eine reichlich ungewöhnliche Haltung für einen Unternehmer, die er damit begründet, dass es „bei uns nicht darum geht, dass Aktionäre aus ihrer Beteiligung den maximalen Gewinn ziehen". Auf diese Weise bleibt genug Kapital für jene Investitionen im Betrieb, die nötig sind, um den Verbrauch an Rohstoffen und Energie laufend zu senken. Die Druckerei Pocheco ist ein typisches Beispiel dafür, wie Wohlstand, eine intakte Natur und aktiver Klimaschutz Hand in Hand gehen können. Dabei spielt der Umgang mit Geld eine wichtige Rolle, was uns zur letzten Station des Films führt, die in der mittelalterlichen Stadt Totnes im Südwesten Englands spielt.

Geld regiert die Welt, wie es heißt. Wer regiert, den kann man abwählen, wenn man mit ihm unzufrieden ist. Aber wie ist das mit Geld? Es bestimmt unser Leben, ohne dass wir mitbestimmen können, es wird vom Staat gestellt und kann nicht abgewählt werden, wenn die Inflation zu hoch oder die Teuerung zu belastend wird.

Doch Rob Hopkins in Totnes hat einen Weg gefunden, den Menschen die Wahlfreiheit bei Geld zu geben.

Als das Filmteam Hopkins aufsuchte, empfing er sie mit einem Geldschein in der Hand. „Das sind unsere Banknoten“, sagte er und hielt eine 21-Pfund-Note in die Kamera. Die gibt es in ganz England nicht, sie stammt auch nicht von der britischen Notenbank, sondern aus einer kleinen Druckerei im Ort. Es war kein Falschgeld, sondern eine Lokalwährung, die Hopkins ins Leben gerufen hatte, um den Wirtschaftskreislauf der Kleinstadt zu beleben. Die 21-Pfund-Note, die Dion und Laurent ziemlich kurios fanden, hatte nur in Totnes einen Wert, im Nachbarort konnte man damit nichts kaufen. Das machte sie „zu einem guten Mittel, um in unserer Ortschaft den Geldkreislauf anzukurbeln“, wie Hopkins lächelnd erklärte. Die lokalen Geldscheine wurden für alles Mögliche ausgegeben, von Kinderbetreuung, Taxi, Essen, Reparaturen bis zum Verleih von Campingausrüstung. „Jedes in einem örtlichen Geschäft ausgegebene Totnes-Pfund zirkuliert öfter und erzeugt ökonomische Aktivitäten von 2,50 Pfund“, rechnete er vor. „Kauft man um ein Pfund im Supermarkt ein, generiert das nur 1,40 Pfund Wertschöpfung und das Geld verschwindet aus der Stadt.“ Lokale Währungen gibt es in England schon seit Jahrzehnten, das erste Mal hatte ich in den 1990er-Jahren davon gelesen. Die lokalen Banknoten werden kreativ bebildert, die Brixton-Pfundnote etwa zeigt das Konterfei von David Bowie, was Hopkins „viel cooler findet als täglich immer nur dic Königin“. Die Belebung der lokalen Wirtschaft mit eigenen Währungen ist ein Instrument der Transition-Town-Bewegung, die Hopkins mitbegründet hat. Ausgehend von Totnes breitete sie sich ab dem Jahr 2006 über alle Kontinente aus, heute gibt es mehr als tausend Initiativen in über 80 Ländern. Neben lokalen Währungen nutzen Transition Towns auch Buy-Local-Kampagnen, Lebensmittelgenossenschaften und Bürgerkraftwerke, um die lokale Wirtschaft und den Klimaschutz zu stärken. Mit ihren Initiativen wollen sie auch die Gemeinschaft im Ort beleben, um die Abwanderung der Jugend zu bremsen.

Ein kleines Utopietraining

Die Beispiele mögen utopisch klingen, aber das ist nichts Schlechtes. Utopien zeigen eine Zukunft, in der nicht die Regeln der Gegenwart gelten, sondern eine neue Wirklichkeit entsteht, die für viele heute noch undenkbar ist. „Wir brauchen eine Art Utopietraining", sagen Claudia Seigmann und Markus Zett von der Gruppe theaternyx*, „die Utopiemuskulatur ist bei den meisten von uns nicht sonderlich ausgeprägt." Durch Zufall hatte ich im Herbst 2020 von einer Performance der Theatergruppe erfahren, die einen ins Wien des Jahres 2050 katapultierte, um eine nachhaltige und sozial gerechte Zukunft in Echtzeit zu erleben. Wir bekamen Kopfhörer ausgehändigt und wurden zu verschiedenen Orten der Stadt geleitet, wobei eine Erzählstimme im Ohr von den Visionen der Zukunft berichtete. Man sieht die Stadt mit anderen Augen, wenn man sich im Waldstück eines Parks wiederfindet und dort erfährt, dass dieser nun Teil einer grünen Lunge sei, die sich von der Donau quer durch alle Bezirke bis zum Gürtel zieht (einer bekannten Verkehrshölle der Gegenwart). Die Fantasiereise vermittelte ein deutlicheres Bild der Veränderung, als es eine Broschüre oder eine Power-Point-Präsentation vermocht hätte. Die nächste Station war ein Bahnhof, der zum Treffpunkt aller Reisenden geworden war, egal ob sie zu Fuß, per Rad, per Bahn oder mit dem

Elektroauto gekommen waren. Auch die Gemeinschaftssanierung von Gebäuden war ein Thema, die Tour führte ein paar Straßen weiter zu einem Häuserblock, den wir uns begrünt und mit minimalem Energieverbrauch vorstellen sollten. Die Performance war nicht belehrend, sie machte neugierig und lud ein, sich die Welt, in der man lebt, einmal anders vorzustellen. Die Veränderungen wirkten einladend, man konnte sich tatsächlich gut vorstellen, in einer solchen Zukunft zu leben.

„Die wahren Abenteuer sind im Kopf", singt André Heller. Aber wie wäre es, wenn man die Zukunftsbilder in Händen halten und betrachten könnte, wie Fotografien? Das dachten sich auch Stella Schaller und Lino Zeddies, als sie im Jahr 2023 den Bildband „Zukunftsbilder 2045" veröffentlichten. Die beiden hatten 2020 den Thinktank Reinventing Society in Berlin gegründet und wollten positive Zukunftsvisionen in fotorealistischen Bildern zeigen. Sie waren und sind überzeugt, dass es lebensnahe Geschichten braucht, um sich eine Vorstellung von einer klimaneutralen Zukunft zu machen. Da sie aus der akademischen Welt kamen, hatten sie anfangs an eine Ringvorlesung gedacht, um verschiedene Blickwinkel einer klimaneutralen Welt zu diskutieren. Doch die Idee war zu abgehoben, wie sie fanden, sie hätten damit nur ein paar umweltbewusste Studierende erreicht. Wie konnte man eine positive Zukunft in kraftvolle Bilder packen, die Lust auf die Veränderung machen? Sie holten den Grafiker Sebastian Vollmar ins Boot, der sich mit Bildcollagen auskannte. Als dann noch die *taz*-Mitgründerin Ute Scheub dazustieß, war das Team komplett. Sie erfanden eine fiktive Reisereportage im Jahr 2045, die durch 16 Städte in Deutschland, der Schweiz und Österreich führte. Alle Städte waren klimaneutral und hatten „Frieden mit der

Natur geschlossen“, wie die Journalistin Lilian Morgentau erzählt, die Hauptfigur des Buches. Auf großen Doppelseiten findet man jeweils die Stadtansicht heute und im Jahr 2045, mit vielen Veränderungen, die der Zeitsprung mit sich bringt. In manchen Städten wie Wiesenburg oder Emden fallen diese nicht gravierend aus, die Städte haben bereits heute sehr viel Grün. In den Landeshauptstädten hingegen ändert sich das Bild deutlich, die Dächer sind mit Solaranlagen bestückt, überall sieht man Grün an den Fassaden und Bäume entlang der Straßen, es gibt fast keine privaten Autos mehr. Unzählige Gastgärten und Cafés laden zum Verweilen ein, das Ganze wirkt „ein wenig wie eine Freizeitgesellschaft, ohne sichtbares Wirtschaftsleben“, wie meine Frau meinte, als ich ihr die Bilder zeigte. Tatsächlich ist schwer vorstellbar, wie der Installateur auf den verschlungenen Promenaden mit seinem Fahrzeug zum Kunden kommen soll, wenn mal die Waschmaschine kaputt ist.

In jeder Stadt trifft Morgentau auf Leute, die von den Veränderungen der letzten zwei Jahrzehnte berichten. Fast alle erwähnen die Superdürre der 2020er-Jahre und einen weltweiten Finanzcrash 2029, der den Wendepunkt brachte, weil die Banken nicht mehr wie 2008 gerettet wurden. Die Banken waren einfach „too big to rescue“ geworden, die kapitalistische Marktwirtschaft brach zusammen, was den Weg für eine neue Gemeinwohlökonomie ebnete. Die Menschen lösten sich vom Dogma des immerwährenden Wachstums, ein Grundeinkommen wurde eingeführt (ein wiederkehrendes Thema in Utopien), das Steuersystem stark vereinfacht (wohl die beliebteste Utopie) und Steueroasen der weltweite Kampf angesagt (auch ein Dauerthema von Utopien). Ein Möbelunternehmer in Frankfurt am Main berichtet Morgentau, wie er den biologischen und technischen Kreislauf in der Produktion verband, indem er „auf gesunde Materialien, Wiederverwendung und biologische Abbaubarkeit" setzte. Das erinnert an die Schmetterlingswirtschaft der britischen Ökonomin Kate Raworth, die Thema im Kapitel „Wirtschaft neu denken" sein wird.

Der Weg zu den lebensfrohen Zukunftsbildern verlief aber nicht ohne Konflikte, wie Morgentau, die Protagonistin des Buches, erfährt. Die rapiden Veränderungen lösten bei vielen Menschen Stress aus, machten sie wütend und verzweifelt. Um die Bevölkerung emotional zu unterstützen, wurde im Jahr 2030 das Ministerium für integrale Gesellschaftsentwicklung geschaffen, das keine Gesetze erlassen konnte, die Menschen aber psychosozial professionell begleitete, eine staatliche therapeutische Einrichtung, könnte man sagen. Ein wenig erinnert das an Orwells 1984, den Staat als großer Bruder, der die Bevölkerung psychologisch lenkt. So weit braucht es aber nicht zu kommen, wenn wir alle gesellschaftlichen Kräfte mobilisieren, um die Veränderungen gemeinsam zu bewältigen, ohne zentrale Lenkung von oben. Im Buch der Zukunftsbilder spielt die Jugend eine unverzichtbare Rolle, ihr wird viel mehr Veränderungsbereitschaft zugetraut als den Erwachsenen. Lassen wir daher die Jugend vorangehen und vertrauen wir darauf, dass sie uns den Weg in eine klimaneutrale Zukunft weisen wird.

What do we want? Climate justice! When do we want it? Now!

PAROLE BEI DEN FRIDAYS-FOR-FUTURE-DEMONSTRATIONEN

Die Jugend geht voran

Ich hätte mir denken können, dass es keine gute Idee war, bei meinen Eltern das Thema Klimaschutz anzuschneiden. Irgendwie waren wir bei Kaffee und Kuchen in eine Debatte über Fridays For Future geraten. „Wenn die jungen Klimaschützer mal erwachsen sind und Familie haben, werden sie auch mit dem Auto fahren und in den Urlaub fliegen wollen, wie alle", meinte mein Vater kopfschüttelnd. Ich hatte erzählt, wie es bei den Klimademos zuging, an denen ich teilgenommen hatte. Von den Parolen der Jugendlichen, ihren Plakaten und Slogans, wie sie die Erwachsenen aufforderten, sich der Klimakrise zu stellen und beim Klimaschutz in die Gänge zu kommen. „Du hast drei erwachsene Enkelinnen und keine davon hat einen Führerschein", entgegnete ich, „es ist ihnen einfach nicht wichtig genug." Meine Nichte hatte zum Geburtstag sogar einen Kleinwagen von meinem Bruder geschenkt bekommen, um sie zur Fahrprüfung zu animieren. Seit gut zwei Jahren stand das Auto nun in der Garage und wartete darauf, dass sie die letzten Übungsstunden absolvierte, um zur Prüfung zugelassen zu werden. Doch die Nichte (21) hatte Besseres zu tun, wie sie ihren verblüfften Eltern erklärte. Auch meine beiden Töchter Nora (25) und Gwen (32) haben keinen Führerschein und es sieht nicht danach aus, dass sich daran in absehbarer Zeit etwas ändert. „Es muss doch möglich sein, auch ohne eigenes Auto überall hinzukommen, so stelle ich mir die Zukunft vor", meinte Nora kürzlich, was an die Haltung der New Yorker Verkehrsstadträtin Sadik-Khan zur Freiheit im Verkehr erinnert.

In den sozialen Medien wachsen sich solche Debatten schnell zu emotional geführten Auseinandersetzungen aus. Die einen meinen, die Welt stürze in den Abgrund, wenn wir nicht sofort handeln. Die anderen haben „keinen Bock auf Veränderung" und wollen auf „Freizeitfahrten mit dem Sportwagen, Kurztrips nach Barcelona und das tägliche Schnitzel" nicht verzichten. Wer sich fürs Klima einsetzt, wird mit Spott und Hohn überhäuft, manchmal auch verbal bedroht. Beim ehemaligen Kickboxer Andrew Tate ging das nach hinten los, als er Greta Thunberg auf X (vormals Twitter) zum Jahresausklang 2022 seine Vorlieben mitteilte: „Hallo, @GretaThunberg – ich habe 33 Autos. Mein Bugatti hat einen W16 8.0 Liter quad turbo. Meine ZWEI Ferrari 812 competizione haben 6.5 Liter v12s. Das ist nur der Anfang. Bitte schick mir deine E-Mail-Adresse, damit ich dir eine vollständige Liste meiner Autosammlung und ihrer jeweiligen enormen Emissionswerte zusenden kann." Darauf Greta Thunberg: „Ja, bitte: Klär mich auf. Schick mir das Mail an smalldickenergy@getalife.com" (auf Deutsch so viel wie kleinerpenisenergie@hastdunichtsbesseres zutun.com).

Die schlagfertige Antwort der 19-jährigen Greta Thunberg wurde fast vier Millionen Mal geteilt und war für einige Tage die Topmeldung in den sozialen Netzwerken. Zwei Tage später wurden Tate und sein Bruder von rumänischen Behörden festgenommen, weil ein internationaler Haftbefehl gegen sie wegen Menschenhandel und Vergewaltigung vorlag. Hätte er die Plakate bei den

Demonstrationen gelesen, hätte er ahnen müssen, dass Thunberg seiner chauvinistischen Meldung mit Humor begegnet. Aber bei den Demos war Tate vermutlich nie.

Eine gescheiterte UN-Klimakonferenz wird zum Erfolg

Als Greta Thunberg im November 2018 zur Klimakonferenz im polnischen Katowice fuhr, hatte sie ihr Kartonschild „Skolstrejk för klimatet" dabei, mit dem sie vor dem schwedischen Parlament gesessen hatte. Im Konferenzzentrum von Katowice lehnte sie es an die Wand, ließ sich daneben nieder und verfolgte das rege Treiben in den Gängen. Einige Teilnehmerinnen und Teilnehmer hielten kurz an, um ein Selfie mit dem seltsamen Mädchen zu machen, dann eilten sie weiter. Dutzende Menschen haben wohl noch heute ein Foto auf dem Smartphone, wo sie neben einer grimmig dreinblickenden 15-jährigen Thunberg und ihrem Schild posieren. Neben den offiziellen Delegationen waren auch einige hundert Jugendliche zur Konferenz gekommen, um bei „den globalen Weichenstellungen zur Klimapolitik hautnah dabei zu sein", wie sich Katharina Rogenhofer erinnert. Die 24-jährige Studentin der Zoologie war aus Wien angereist, ein Praktikum bei den Vereinten Nationen hatte ihr die Gelegenheit zur Konferenzteilnahme geboten. Auf dem Weg zu einer Session traf sie auf Thunberg mit ihrem Schild, zückte aber nicht ihr Handy, sondern stellte den Rucksack ab und setzte sich neben sie. Nachdem sie eine Weile über die „Absurdität der ganzen Veranstaltung" geredet hatten, stellte Rogenhofer eine Frage, die sie beschäftigte: „Glaubst du, du kannst hier etwas verändern?" Greta Thunberg schüttelte den Kopf: „Nein, nicht hier drinnen."

Der jungen Schwedin war rasch klar, dass Zusammenkünfte wie diese nicht dazu dienten, die Klimakrise an der Wurzel zu packen. Die Delegierten hetzten von einer Sitzung zur nächsten und diskutierten stundenlang über die „Ausgestaltung von Datenbanken, in denen das Klimawissen gebunkert ist", so Rogenhofer. An der eigentlichen Tragweite des Problems gingen die Debatten meilenweit vorbei. Man musste das Thema auf die Straße bringen, waren beide überzeugt. Thunberg hatte sich vier Monate davor als Schülerin mit ihrem Schild vors Reichstagsgebäude in Stockholm gesetzt, weil Schweden das Klima-Übereinkommen von Paris nicht einhielt, wie sie meinte. Anfangs waren nur wenige Leute stehengeblieben, mit der Zeit gesellten sich immer mehr Schülerinnen und Schüler dazu. Die Botschaft, „nicht für eine Zukunft lernen zu wollen, die es vielleicht gar nicht mehr gibt", war einleuchtend. Der Protest breitete sich aus, im ganzen Land gingen bald Tausende Schülerinnen und Schüler auf die Straße, um für mehr Klimaschutz zu demonstrieren.

Der Klimaprotest fand internationale Beachtung, bald waren auch in den Niederlanden, in Norwegen, Dänemark und Frankreich Tausende Jugendliche auf der Straße. Am 30. November 2018, zwei Tage vor Beginn der Klimakonferenz, fand ein Klimastreik mit 10.000 Demonstrierenden in Australien statt, mehr als 15.000 Kilometer von Katowice entfernt. Die schwedische Schülerin war zum Idol einer weltweiten Jugendbewegung geworden, die von den Erwachsenen entschlossene Schritte zum Klimaschutz und die Einhaltung des 1,5-Grad-Ziels forderte. Niemand ahnte, dass Thunberg ein knappes Jahr später vor den Vereinten Nationen in New York sprechen würde, wo sie jene empörte Rede hielt, die sie berühmt und berüchtigt machte. Meist dauerten ihre Reden nicht länger als fünf Minuten, doch die hatten es in sich. Als sie beim UN-Klimagipfel am 23. September 2019 in New York auf dem Podium saß, rückte sie das Mikro zurecht, blickte in den Saal und verkündete mit fester Stimme: „My message is that we'll be watching you." Es folgte Applaus im Saal, der jedoch rasch verebbte, als sie fortfuhr. „This is all wrong, I shouldn't be up here, I should be back in school on the other side of the ocean." Mit Zornesfalten auf der Stirn warf sie den Erwachsenen vor, den Jugendlichen falsche Hoffnungen zu machen, immer nur über Geld zu reden und Märchen von endlosem Wachstum zu erzählen, das die Welt angeblich brauche. Ihr Ausruf „How dare you!" am Ende der Rede ging um die Welt, so hatten Jugendliche noch nie zu hochrangigen Politikerinnen und Funktionären gesprochen.

Im Herbst 2020 wurde es dann ruhiger um sie, Thunberg wechselte aufs Gymnasium und schloss ihre Schullaufbahn ab. Am 9. Juni 2023 postete sie, dass sie heute ihren Schulabschluss mache, „was bedeutet, dass ich nicht länger einen Schulstreik für das Klima machen kann". Die Pandemie hatte die Massendemonstrationen zum Erliegen gebracht, das Engagement der Fridays-for-Future-Bewegung verlagerte sich in die Ortsgruppen, die überall entstanden waren. Das Wiener Kulturmagazin *Fleisch* (eines der originellsten Magazine, die ich kenne) besuchte einige davon, um herauszufinden, wer sich da engagiert und wo die Bewegung steht. Dabei kamen sie ins Staunen, statt lauter Jugendlicher fanden sie vor allem erwachsene Aktivistinnen und Aktivisten, die sich um Baumpflanzungen, Windräder und Fahrradständer bemühten, um Klimaschutz in ihrer Nachbarschaft voranzubringen. Als sich Greta Thunberg zum aktuellen Nahostkonflikt zu Wort meldete und sich auf die palästinensische Seite schlug, ohne die Hamas-Gräueltaten vom 7. Oktober explizit zu verurteilen, war ihre Rolle als Galionsfigur endgültig dahin. Die Fridays for Future gingen auf Distanz, die Irritation führte so weit, dass kurzzeitig „eine Namensänderung der Bewegung als Ultima Ratio" im Raum stand, wie mir ein Aktivist erzählte.

Doch kehren wir zur Klimakonferenz in Katowice zurück. Diese stellte sich im Nachhinein als historische Weichenstellung für den Klimaschutz heraus, allerdings nicht durch die Beschlüsse, die dort gefasst wurden. Nicht nur Rogenhofer war als Jugendvertreterin gekommen, auch die 22-jährige Klimaaktivistin Luisa Neubauer aus Berlin war als Jugenddelegierte einer deutschen UN-Gesellschaft angereist. Neubauer hatte bereits Artikel zum deutschen Kohleausstieg und den Hitzesommern veröffentlicht, auch sie erhoffte sich, „eine Welt der Problemlöser zu erleben". Stattdessen hasteten „gestresste Anzüge durch die Hallen, um Paragrafen und Prozentzahlen zu diskutieren", erinnert sie sich in ihrem Buch „Noch haben wir die Wahl". Den Teilnehmerinnen und Teilnehmern wurden als kleines Präsent Ohrringe aus Kohlestücken überreicht, die Konferenz wurde von der polnischen Kohleindustrie gesponsert. Das machte klar, dass die Erwachsenen nicht wirklich daran interessiert waren, die Klimakrise einzudämmen. Am Ende der zweiwöchigen Konferenz stand ein Regelbuch fest, wie die Staaten künftig ihren Anteil an Treibhausgasen berechnen sollten. Das war alles, worauf man sich einigen konnte. Für Politiker und Expertinnen war die Einigung ein Meilenstein, „die Weltgemeinschaft hatte ein zweites Mal Ja zu Paris gesagt", teilten sie der Presse euphorisch mit. Klimaforscherinnen und Aktivisten hingegen waren entsetzt, es waren keine weitreichenden Beschlüsse gefasst worden, um ein weiteres Ansteigen der Treibhausgase zu verhindern. Am ersten Freitag des Gipfels hatte eine Klimademonstration vor dem Konferenzgebäude stattgefunden, an der auch Thunberg, Rogenhofer und Neubauer teilnahmen. „Die Energie war so gewaltig, dass ich schlagartig wusste, was zu tun war“, schildert Rogenhofer in ihrem Buch „Ändert sich nichts, ändert sich alles“, „wir mussten diese Kraft nach Österreich holen.“ Wenige Tage nach ihrer Heimkehr organisierte sie am 21. Dezember 2018 mit ein paar Freunden die erste Fridays-for-Future-Demonstration am Wiener Heldenplatz. Es herrschte eisige Kälte, ein paar Dutzend Jugendliche hielten mit klammen Fingern selbstgebastelte Schilder in die Höhe, irgendwer hatte ein Megafon mitgebracht, in das sie laut Parolen riefen. Der erste Klimastreik war auf sechs Stunden angesetzt, was sich eindeutig als zu lang erwies, die Folgedemos wurden zeitlich gekürzt.

Auch Luisa Neubauer war mit dem Vorsatz eines Klimastreiks in Berlin heimgekehrt. Am Morgen des 14. Dezember 2018, in Katowice waren die finalen Verhandlungen noch im Gange, fand sie sich mit einer Handvoll Jugendlicher vor dem Bundestag in Berlin ein. Neubauer hatte ein paar Tage davor ein Selfie-Video verbreitet, um auf die Aktion aufmerksam zu machen. Sie hatte auch Verbände und Organisationen angeschrieben und um Unterstützung gebeten, mit „so ganz lieben E-Mails“, wie sie sich in einem *Hotel-Matze*-Podcast erinnert. Zum Beispiel dieses: „Hallo, ich bin Luisa, wir haben da eine neue Idee, die heißt Fridays for Future, es funktioniert so [...] Wir glauben, das könnte ganz schön gut werden. Meldet euch gern auch telefonisch. Liebe Grüße.“ Die Antworten waren ernüchternd, hier eine davon: „Liebe Luisa, danke dir für die liebe Nachricht, wir sind schon mit der Jahresplanung durch und können nicht dabei sein, aber melde dich gern im Februar wieder!" Daher entschied sie sich, die Sache selbst in die Hand zu nehmen.

Der erste Klimastreik war reichlich chaotisch, von den Teilnehmenden hatte niemand je eine Demo organisiert. Der anwesende Redakteur der Tageszeitung *taz* notierte: „Zehn Minuten bis zum Streik, vier Menschen vor Ort. Technik fehlt." Neubauer meinte in dem *Hotel-Matze*-Podcast, das „war so krass und verzweifelt, genau das Gegenteil von dem, wie ich dachte, dass eine Revolution aussieht". Doch nach und nach kamen immer mehr Menschen, nach einer Stunde waren 300 Studierende und Schülerinnen versammelt. Fridays for Future Deutschland war geboren. Die inhaltlich erfolglose Klimakonferenz von Katowice war unerwartet zum Startschuss für Fridays for Future in Europa geworden. Die Jugendlichen begannen sich über die Grenzen hinweg über WhatsApp zu organisieren und Aktionen zu planen, wie der Journalist Benedikt Narodoslawsky in seinem Buch „Inside Fridays for Future" schreibt. In Australien hatte man schließlich die Idee, einen weltweiten Klimastreik zu organisieren, um auf die globale Dimension der Bewegung aufmerksam zu machen. Man einigte sich auf den 15. März 2019, der zu einem Meilenstein für die Klimabewegung wurde. Die Botschaft, dass Erwachsene den Kindern die Zukunft klauen, weil sie sich nicht um den Klimawandel scheren, aktivierte Jugendliche in allen Erdteilen. Der erste globale Klimastreik brachte eine Million Menschen in über hundert Ländern auf die Straße, 300.000 davon allein in Deutschland. Ein halbes Jahr später, beim zweiten globalen Klimastreik am 20. September 2019, waren es bereits über vier Millionen in 150 Ländern.

In Österreich schlossen sich Hunderte Gemeinden

den Protesten an, die zahlreichen Demos auf der Straße hatten auch Auswirkungen auf die Politik. Am Tag vor dem zweiten globalen Klimastreik rief das Parlament den nationalen Klimanotstand aus. Das war zwar nur ein symbolischer Akt ohne konkrete Zusagen, brachte aber enorme mediale Aufmerksamkeit. Die reichweitenstarke *Kronen Zeitung* setzte eine Bildcollage von demonstrierenden Jugendlichen aufs Cover und titelte „Wir haben Angst um unsere Erde!" Die Nationalratswahl am 29. September 2019 wurde zur Klimawahl, die Grünen fuhren mit fast 14 Prozent ein historisches Ergebnis ein, nachdem sie zwei Jahre davor mit mageren 3,8 Prozent aus dem Nationalrat geflogen waren. Leonore Gewessler wurde die erste grüne Klimaschutzministerin des Landes. Davor war sie Chefin der Umweltorganisation GLOBAL 2000 und hatte stets die Untätigkeit der Politik beim Klimaschutz kritisiert. Jetzt übernahm sie selbst das Ruder, Klimaschutz wurde zur Chefsache.

Das Sieben-Generationen-Prinzip

Die anhaltenden Demos von Hunderttausenden Jugendlichen hinterließen auch in Deutschland ihre Spuren. Zu Beginn des Jahres 2021 wurde erstmals ein CO_2-Preis eingeführt, der dem Ausstoß von Treibhausgasen beim Heizen und im Verkehr einen fixen Preis gab. Diese Maßnahme war seit Jahrzehnten von Ökonominnen und Ökonomen gefordert worden, um die Klimakrise in den Griff zu bekommen, doch erst der Druck von der Straße hatte sie möglich gemacht. Fast wäre es der fossilen Lobby gelungen, den Anfangspreis auf 10 Euro pro Tonne Treibhausgas zu drücken, was die Maßnahme völlig wirkungslos gemacht hätte. Massive Proteste von allen Seiten führten dann zu einem Startwert von 25 Euro, der jedes

Jahr angehoben wird (im Jahr 2024 lag er bei 45 Euro). Nach Berechnungen des deutschen Umweltbundesamtes liegt der volkswirtschaftliche Schaden, den die Klimakrise in Deutschland anrichtet, aber bei 180 Euro pro Tonne emittiertem CO_2. So hoch müsste der CO_2-Preis sein, um den Ausstoß von Treibhausgasen gleich teuer zu machen wie die durch sie verursachten Schäden.

Ein paar Jugendliche nahmen das zum Anlass und legten Beschwerde gegen das Gesetz beim Bundesverfassungsgericht ein. Das Gericht las sich in die Materie ein und kam zum Schluss, dass die niedrige Steuer und ihre Begrenzung bis zum Jahr 2030 bedeuteten, dass „hohe Emissionsminderungslasten unumkehrbar auf Zeiträume nach 2030 verschoben" werden. Das bestehende Gesetz erlaube es, weiterzumachen wie bisher, es bleibe damit der nächsten Generation überlassen, die Klimaziele zu erreichen. Das erinnert an den Song „Hurra, die Welt geht unter" der Berliner Band K.I.Z., in dem junge Menschen wegen der Untätigkeit der Erwachsenen einen Scherbenhaufen vorfinden und ihnen nur die Hoffnung bleibt, dass „auf den Trümmern das Paradies" entsteht. Das Gericht befand, diese Aussicht sei mit dem deutschen Grundrecht nicht vereinbar. Sie forderten die Regierung auf, einen konkreten Plan vorzulegen, wie es nach dem Jahr 2030 weitergeht, um die Pariser Klimaziele für Deutschland bis 2050 zu erfüllen. Das sollte sicherstellen, dass „nachfolgenden Generationen nicht eine radikale Reduktionslast überlassen wird, die ihre Freiheit massiv einschränkt". So ein Urteil hatte es in Deutschland noch nie gegeben, es fand entsprechende Aufmerksamkeit in den Medien. Die *Bild Zeitung* etwa schrieb am 29. April 2021: „Das Bundesverfassungsgericht verdonnert die Regierung zu mehr Klimaschutz!"

Die Juristinnen und Juristen beriefen sich auf einen selten genutzten Paragrafen, in dem es heißt, „der Staat schützt auch in Verantwortung für die künftigen Generationen die natürlichen Lebensgrundlagen und die Tiere“. Das klang wie das „Sieben-Generationen-Prinzip“ der Irokesen, das besagt, dass jeder Mensch bei seinen Handlungen daran denken sollte, wie sich diese für die siebte Generation in der Zukunft auswirken. Sieben Generationen, das sind rund 200 Jahre. In unserem Fall wäre das bis ins Jahr 2220, ein unvorstellbar langer Zeitraum. Das Prinzip der Fürsorge für kommende Generationen gibt es noch heute, es wird Generationengerechtigkeit genannt, in Österreich auch liebevoll Enkeltauglichkeit. Dabei geht es aber nur um die eigenen Enkel, nicht um die in 200 Jahren.

Die Klage beim Bundesverfassungsgericht war von einer Gruppe von acht Jugendlichen eingebracht worden, eine von ihnen war die 22-jährige Sophie Backsen, die auf der Nordseeinsel Pellworm in Schleswig-Holstein lebte. Ein Kamerateam des *Spiegel* besuchte sie, um sich einen Eindruck zu verschaffen, von welchen künftigen Gefahren die Richter gesprochen hatten. Backsen führte sie zur Küste der Insel, um die ein 25 Kilometer langer und acht Meter hoher Wall liegt, der wie der Rand einer Badewanne vor Sturmfluten schützen soll. „Wenn das Meer weiter steigt, wird die Insel überflutet, man kann ja keine 20 Meter hohen Deiche bauen, das macht keinen Sinn“, meinte Backsen. Kaum jemand hatte damit gerechnet, dass die Jugendlichen vor Gericht Recht bekommen, auch sie selber nicht. Als das Urteil am 29. April 2021 verkündet wurde, „hat es ein bisschen gedauert, bis ich es begriffen habe“, erzählte Backsen. Zwei Monate später wurde eine Änderung des Bundes-Klimaschutzgesetzes beschlossen, um das es vor Gericht gegangen war. Damit wurde die Klimaneutralität Deutschlands über 2030 hinaus mit Maßnahmen bis zum Jahr 2045 festgeschrieben, mit einem Zwischenziel für 2040. Als der Expertenrat für Klimafragen zwei Jahre später im Auftrag der Bundesregierung untersuchte, ob Deutschland auf dem Zielpfad ist, war das Ergebnis ernüchternd. Es waren im Klimaschutzgesetz einfach nicht genug Maßnahmen beschlossen worden, um die Ziele zu erreichen. Für die Zeit nach 2030 fehle es überhaupt „an einer langfristigen Strategie, wie das Ziel der Treibhausgasneutralität erreicht werden kann“, so die stellvertretende Vorsitzende des Expertenrats Brigitte Knopf.

Auch in den Niederlanden war schon Jahre zuvor eine ähnliche Klage eingebracht worden. Das sogenannte Urgenda-Klimaverfahren war weltweit das erste Gerichtsverfahren, in dem Bürgerinnen und Bürger ihre Regierung klagten, weil diese nicht genug gegen die Klimakrise unternahm. Die Klage wurde von der Stiftung Urgenda (von urgente, dringend, und Agenda) gemeinsam mit 900 Personen eingebracht, sie forderten den Staat auf, die Treibhausgasemissionen bis 2020 um mindestens 40 Prozent im Vergleich zu 1990 zu senken. Für die Niederlande ist die Eindämmung der Klimakrise eine Überlebensfrage, ein Drittel des Landes liegt unter dem Meeresspiegel. Überflutungen haben in den Niederlanden eine lange Tradition, nach der letzten großen Flutkatastrophe 1953 war eine Kette aus 14 gigantischen Wehranlagen errichtet worden, die das Meer im Zaum halten sollen. Mehr als 40 Jahre wurde daran gebaut, das letzte Sperrwerk ging 1997 in Betrieb. Die von Sophie Backsen erwähnten 20 Meter waren übrigens eine gute Schätzung, so hoch soll der neue Damm sein, den die Niederländer jetzt planen (der Haakse Seedeich) – allerdings 20 Kilometer vor der Küste, wo ihn keiner sieht. Nicht alle sind überzeugt, dass ihr Land dadurch sicher ist, wenn der Meeresspiegel im nächsten Jahrhundert um mehrere Meter steigt. Entsprechend hoch war das Medieninteresse, als der Hohe Rat der Niederlande am 20. Dezember 2019 bekanntgab, dass er der Klage zustimme. Die Fotografen traten sich bei der Urteilsverkündung auf die Füße, um das beste Bild des Obersten Richters von Den Haag, Kees Streefkerk, zu erhaschen, als er die Begründung verlas: Das Gericht kam zum Schluss, dass es sich bei der Erderwärmung um ein ernstes Problem handelt und eine weltweite Reduktion der Emissionen notwendig ist, um Schlimmeres zu verhindern. Die Forderung von Urgenda wurde damit bestätigt, wegen des knappen Zeitraums von einem Jahr aber auf 25 Prozent reduziert, was immer noch enorm ehrgeizig war.

Es ist immer dasselbe: Wenn Menschen sich in die Fakten der Klimakrise einlesen, wird ihn die Tragweite des Problems bewusst und sie fordern drastische Maßnahmen, um das Schlimmste zu verhindern. „Ich lese viel Zeitung, aber wie tragisch die Situation ist, habe ich erst an diesem Wochenende verstanden“, schildert Madeleine Stranzinger, eine 52-jährige Juristin aus Oberösterreich, ihre diesbezügliche Erfahrung. Gemeinsam mit hundert anderen zufällig ausgewählten Bürgerinnen und Bürgern hatte sie im Jänner 2022 an einem Workshop in Wien teilgenommen, bei dem ein Dutzend Klimaforscherinnen und -forscher „in einem großen Saal vom Podium aus erklären, wie es um unseren Planeten steht“. Die Gruppe war nach Alter, Geschlecht, Bildung und Einkommen ausgewählt worden und sollte die österreichische Bevölkerung repräsentieren. Die jüngste Teilnehmerin hatte gerade ihren 17. Geburtstag gefeiert, der älteste war 79 Jahre alt. Die Aufgabe der Gruppe war es, sich ein klimaneutrales Österreich vorzustellen, wie wir uns fortbewegen und ernähren, wie wir wohnen und woher wir unsere Energie beziehen. Der Workshop sollte Fakten darüber vermitteln, wie Treibhausgase entstehen und wie sie mit dem Klimawandel zusammenhängen. Alle waren verdutzt und beeindruckt, so richtig verstanden hatte das davor noch niemand. „Das hat mir echt die Augen geöffnet", hörte ich oft, als ich Wochen später als Energieexperte an einem Workshop der Gruppe teilnahm. Nach fast zwei Monaten intensiver Diskussion lagen 90 Empfehlungen an die Politik vor, auf die sich die Gruppe geeinigt hatte. Darunter war auch ein CO_2-Preis von 240 Euro pro Tonne im Jahr 2030, das ist weit mehr, als es das deutsche Umweltbundesamt gefordert hatte. Die Abgabe würde auch die Teilnehmerinnen und Teilnehmer treffen, doch dieser Preis wurde einstimmig in den Endbericht aufgenommen, weil sie den Ernst der Lage erkannt hatten. Ähnlich dürfte es den holländischen Richterinnen und Richtern ergangen sein, die bei der Urteilsverkündung im Urgenda-Prozess betonten, eine Reduktion von weniger als 25 Prozent sei ab sofort als rechtswidrig anzusehen. Als ein Medienvertreter kritisch anmerkte, die niederländischen CO_2-Emissionen würden nur einen geringen Teil der weltweiten Emissionen ausmachen, antwortete der Höchstrichter scherzhaft, es wäre „wohl zu viel verlangt, dass die Stiftung gegen alle Nationen der Welt Klimaklagen einbringt, um den Klimawandel zu stoppen".

Die Tricks der Ölkonzerne

Nicht nur Regierungen hatten in den letzten Jahren Klagen von Klimaschützern und Aktivistinnen am Hals, auch Konzerne bekamen deren Unmut zu spüren. Im Jahr 2020 erhielt der Ölkonzern Shell eine Klimaklage von der niederländischen Umweltorganisation Milieudefensie, die zu Friends of the Earth gehört. Die Klage war gemeinsam mit sechs Umweltverbänden und 17.000 Bürgerinnen und Bürgern eingebracht worden. Ein halbes Jahr lang wühlte sich das Gericht durch Tausende Aktenseiten, die einen Zusammenhang zwischen den Aktivitäten des Ölkonzerns und der Klimakrise herstellten. Der CEO Ben van Beurden war empört: Einzelne Konzerne herauszupicken helfe nicht, den Klimawandel zu reduzieren. „Wenn Shell heute aufhören würde, Benzin und Diesel zu verkaufen, würde das zwar den eigenen CO_2-Ausstoß verringern, an der Ölnachfrage würde sich nichts ändern“, behauptete er in einem LinkedIn-Post, der vom deutschen *Handelsblatt* zitiert wurde. Das Gericht war anderer Meinung. Es entgegnete, dass konkrete Änderungen im Geschäftsmodell eines großen Ölkonzerns direkte Auswirkungen auf die weltweiten Treibhausgasemissionen hätten, „mehr als bei einzelnen Staaten“.

Am 26. Mai 2021, einen Monat nach dem Urteil zum deutschen Klimaschutzgesetz, verkündeten die Richter und Richterinnen von Den Haag ihr Urteil, das Shell verpflichtete, die Emissionen bis 2030 um 45 Prozent zu senken. Diese Reduktion war schneller und radikaler als alle Pläne, die sich Shell selbst gesetzt hatte. Auch der damalige Geschäftsführer von Shell Austria, Gert Seybold, fand das Gerichtsurteil unfair. Als wir bei einem Frühstück darüber diskutierten (ich hatte ihn bei einer Veranstaltung kennengelernt und wir trafen uns regelmäßig, um uns zur Energiewende auszutauschen, wobei wir ziemlich gegensätzliche Ansichten hatten), legte er mir eine Publikation vor, die zeigen sollte, dass sich Shell sehr wohl Gedanken über eine klimaneutrale Welt macht. Die Broschüre war üppig mit Windrädern, Solaranlagen, Schildkröten und Schmetterlingen bebildert und enthielt drei Szenarien, wie die Welt in 80 Jahren aussehen könnte. In allen Szenarien sanken die CO_2-Emissionen, im ambitioniertesten Szenario, Sky 1.5 bis 2050, sogar auf null. Öl und Gas spielten dennoch in allen Szenarien bis zum Schluss eine prominente Rolle, „weil alles andere für den Konzern undenkbar ist“, wie ich anmerkte. Der offensichtliche Widerspruch wurde mit Carbon Capture and Storage (CCS) aufgelöst, gigantische Mengen an Treibhausgasen sollten aus der Luft gesaugt werden. Die effizientesten CO_2-Fänger sind Bäume, also schlug der Konzern vor, bis zum Ende des Jahrhunderts 700 Millionen Hektar Bäume zu pflanzen, eine Fläche so groß wie Brasilien. Klingt nicht gerade nach einer einfachen Lösung.

Es sind Märchen wie diese, die uns von den Ölkonzernen aufgetischt werden, um uns weiter in der Illusion zu wiegen, wir könnten munter so weitermachen wie bisher und trotzdem die Kurve kriegen. Das einzige Ziel der Unternehmen ist es, beim Geschäftsmodell fossile Energie zu bleiben, das Problem der Treibhausgase wird als Nebeneffekt dargestellt, der sich technisch lösen lässt. Doch das ist ein Irrglaube, die Verbrennung von Öl, Gas und Kohle verursachte im Jahr 2023 einen Rekordwert von 37,4 Milliarden Tonnen Treibhausgasen. Um diese Menge einzufangen, müssten wir 3000 Milliarden Bäume pflanzen, fast so viele, wie es derzeit auf der Erde gibt. Es ist eine absurde Idee, weiter fossile Energie zu verbrennen und auf eine Wundertechnologie zu hoffen, die das ganze Treibhausgas am Ende wieder einfängt. Das hatte auch das Gericht in Den Haag erkannt.

Der Konzern Shell war jedenfalls nicht bereit, das

niederländische Urteil anzuerkennen und ließ prüfen, ob man den Firmensitz nach London verlegen könnte, um der niederländischen Rechtsprechung zu entkommen. Im November 2021 gab Konzernchef Andrew Mackenzie bekannt, dass eine überwältigende Zahl der Aktionärinnen und Aktionäre dafür gestimmt hatte, den Hauptsitz in den Niederlanden aufzugeben und nach London zu ziehen. Dafür trennte sich der Konzern sogar vom Namenszusatz „Royal Dutch", heißt seither nur mehr Shell und ist ein rein britischer Öl- und Erdgaskonzern.

Woran Shell nicht gedacht hatte, war, dass es auch britische Klimaschützer und -aktivistinnen gibt. Diese reichten im Februar 2023 ebenfalls Klage ein, diesmal beim Höchstgericht von England und Wales. Die Klage kam von der Klimaschutzorganisation ClientEarth, die sich die Unterstützung einiger Aktionärinnen und Aktionäre gesichert hatte, die eine Minderheitsbeteiligung am Konzern hielten. Überraschenderweise schlossen sich auch institutionelle Anlegerinnen und Anleger mit längerfristiger Investitionsperspektive wie britische, schwedische, belgische und dänische Pensionsfonds an. Die Klage lautete, der Ölkonzern habe „es verabsäumt, die wesentlichen und vorhersehbaren Risiken, die der Klimawandel für das Unternehmen darstellt, zu bewältigen". Kurz entstand der Eindruck, es könnte eng werden für Shell, die Anlegerinnen und Anleger vertraten immerhin mehr als zwölf Millionen Aktien im Wert von einer halben Billion US-Dollar (450 Milliarden Pfund). Doch das britische Gericht war anderer Meinung als die Richter von Den Haag. Gerichte sollten nicht in kommerzielle Konzernentscheidungen eingreifen, befanden sie, und das sei auch nicht Sache der Klimaschützer und -aktivistinnen. Der High Court of England and Wales wies die Klage als „grundlegend fehlerhaft“ zurück, der Konzern konnte aufatmen. Auch die Berufung von ClientEarth wurde abgelehnt, der Fall war entschieden. Shell hatte gewonnen. Ermutigt durch das Urteil nahm der Konzern seine Emissionsziele aus früheren Szenarien teilweise zurück. Bis 2030 sollten die Emissionen nun um 15 bis 20 Prozent statt wie ursprünglich geplant um sichere 20 Prozent sinken, das Reduktionsziel von minus 45 Prozent für 2035 wurde gänzlich gestrichen, weil „das Tempo der Veränderung in der Energiewende unsicher sei“, so der Konzern. Ein Jahr später wurde auch das Urteil von Den Haag aufgehoben. Ein Berufungsgericht stellte im November 2024 fest, dass „es eine Verpflichtung für Shell gibt, seine Treibhausgasemissionen zu reduzieren, das Gericht aber keinen konkreten Prozentsatz für die Reduktion erzwingen kann“, wie die Sprecherin des Gerichtshofs Martine Honée erklärte. Die Klimagesetze gelten nur für Staaten, für Unternehmen sind darin keine Obergrenzen festgelegt. Der Konzern fühlte sich bestätigt und gab bekannt, sich wieder verstärkt seinem Kerngeschäft zu widmen, der Suche nach neuen Vorkommen von Öl und Gas. Mit Klagen ist den größten Verursachern von Treibhausgasen nicht beizukommen, wie man sieht.

Die 3,5-Prozent-Hürde

Die Jugend geht auf die Straße und zieht vor Gericht, um die Klimakrise aufzuhalten. Doch das reicht alles nicht, um eine Trendwende einzuläuten, wie sich gezeigt hat. Was soll sie noch unternehmen? Eine Revolte anzetteln? Gegen wen? Die Plakate bei den Klimademos richten sich gegen Regierungen und Konzerne, die ihre Macht und ihren Einfluss nutzen, um am Weg der Klimakrise festzuhalten. Macht und Einfluss, da müsste man ansetzen –

doch wie stellt man das an? „Es geht darum, die Macht der Regierung zu untergraben, ihre Schwächen zu finden und gnadenlos auszunutzen", sagt Robert Helvey in einem Interview im *Spiegel*. Der ehemalige US-Oberst ist einer der gefragtesten Berater für gewaltfreie Revolten, für einen Umsturz ohne Waffen. „Macht gibt es nicht nur ganz oben in einem Staat, jeder Polizist, Soldat, Bürokrat und Bauer hat ebenfalls welche. Die muss ich zu Zweiflern und im letzten Schritt zu Verbündeten machen." Helvey hatte Kontakt zu den Aufständischen in Belgrad, Baku und Kiew, im Herbst 2000 schulte er die Aktivistinnen und Aktivisten von Otpor, die sich gegen den autoritären Machthaber Slobodan Milošević auflehnten, als der sich hartnäckig weigerte, seine Wahlniederlage gegen Vojislav Koštunica einzugestehen. Otpor hatte keine Waffen, Helvey half ihnen jedoch, ständig neue Wege zu finden, um Milošević in der Öffentlichkeit lächerlich zu machen. Es ist das Schlimmste, was einem autoritären Herrscher passieren kann, dass seine Autorität vor aller Augen untergraben wird. Dann verbreitete sich (zufällig?) das Gerücht, unter den Demonstrierenden auf der Straße seien Söhne und Töchter von hohen Generälen, die sich den Protesten angeschlossen hätten. „Ich dachte, da könnten auch meine Kinder darunter sein, das Risiko wollte ich nicht eingehen", erklärte Jahre später ein Polizist, der Miloševićs Schießbefehl in die Menge verweigert hatte. Der friedliche Protest gegen die bewaffnete Übermacht war riskant, aber er entfaltete große Wirkung in der Bevölkerung. Gehen Menschen massenweise auf die Straße, dann „beweist das der Bevölkerung, dass jemand mächtiger ist als ihre eigene Regierung", sagt Helvey. Als die Proteste nicht abrissen, sondern immer stärker wurden, musste Milošević die Konsequenzen ziehen und dankte ab. „Es war ein Aufstand, keine Revolution, im Großen und Ganzen friedlich, keine Toten", erinnert sich Milja Jovanović, eine der Gründerinnen von Otpor, im *Deutschlandfunk*. Der Umsturz war fast ohne Blutvergießen gelungen, wie beim Mauerfall in Berlin.

Die Politikwissenschaftlerin Erica Chenoweth, bekannt für ihre Forschungen zur Wirkung von gewaltfreiem Widerstand, betont immer wieder, dass keine Regierung einen Aufstand in der Bevölkerung ignorieren könne, wenn sich 3,5 Prozent zusammenschließen und massiven Widerstand leisten.

Im Zuge ihrer Doktorarbeit hatte sie Daten zu bewaffneten und gewaltfreien Revolten der letzten hundert Jahre gesammelt, an denen sich mindestens tausend Menschen beteiligt hatten. Die Auswertung der Daten brachte ein überraschendes Ergebnis. Alle gewaltfreien Aufstände in diesem Zeitraum waren doppelt so erfolgreich gewesen wie jene mit Waffengewalt. Was Machthaber wirklich fürchten, ist die massenhafte Mobilisierung der Bevölkerung in unerschütterlichen, friedlichen Protesten. Werden die Proteste gewaltsam, können sie leichter als Bedrohung der öffentlichen Ordnung verurteilt werden, was ein repressiveres Vorgehen der Sicherheitskräfte rechtfertigt. Interessanterweise hatten sich nur bei friedlichen Protesten 3,5 Prozent der Bevölkerung oder mehr angeschlossen, die gewaltsamen waren kleiner gewesen. Die Frage blieb: Warum gerade 3,5 Prozent? Was hatte es mit dieser rätselhaften Grenze auf sich, die sich bei allen friedlichen, erfolgreichen Aufständen wiederfand?

Die Antwort, die Chenoweth fand, war ebenso simpel wie einleuchtend: weil wir in der Gesellschaft hochgradig vernetzt sind. Bekanntlich sind alle Menschen dieser Erde über sechs bis sieben Ecken miteinander bekannt.

Diese Erkenntnis geht auf den amerikanischen Psychologen Stanley Milgram zurück, das Ergebnis wurde seither in unzähligen Studien bestätigt. Ein ähnlicher Effekt tritt auf, wenn sich 3,5 Prozent der Bevölkerung oder mehr in einer Bewegung engagieren, sagt Chenoweth. Statistisch gesehen hat jeder und jede von ihnen dann persönliche Beziehungen zu Sicherheitskräften, Beamten, Politikerinnen, Medien und Unternehmern, zu anderen Menschen in der Gesellschaft, die Macht haben. Diese bekommen ein anderes Bild vom Aufstand, als es die Regierung zeichnet. Statt einer wilden Horde von Staatsfeinden sehen sie Freundinnen, Verwandte und ihre eigenen Kinder in der ersten Reihe. Das schwächt die Loyalität gegenüber dem Machthaber, der den Aufstand unterdrücken will, und führt zu einem Schneeballeffekt, bei dem immer mehr Menschen die Bewegung unterstützen. Ist diese Dynamik einmal in Gang setzt, ist sie kaum mehr zu stoppen.

Was würde passieren, wenn sich 3,5 Prozent der Bevölkerung beim Klimaschutz gewaltfrei zusammenschließen, um die Macht und den Einfluss der fossilen Kräfte zu brechen? Dazu braucht es jedenfalls mehr, als vom Sofa aus Sympathie zu zeigen oder eine Petition zu unterschreiben. Die 3,5 Prozent müssen zusammenhalten, überzeugt sein und einen Plan haben, um den Umsturz herbeizuführen, wie der Autor und Journalist Friedemann Karig in seinem bemerkenswerten Buch „Was ihr wollt – Wie Protest wirklich wirkt“ schreibt. Im Gegensatz zu den von Chenoweth untersuchten Aufständen geht es bei der Klimakrise nicht um einen autoritären Machthaber, sondern um die Überwindung von Beharrungskräften, die sich durch die ganze Gesellschaft ziehen. In Österreich entsprechen 3,5 Prozent der Bevölkerung

318.000 Menschen, so viele waren noch auf keiner Klimademo. Als sich Fridays for Future im Jahr 2019 die Scientists for Future, Teachers for Future, CEOs für Future, Artists for Future, Parents für Future und viele mehr anschlossen, keimte die Hoffnung, dass es in diese Richtung gehen könnte. Der Jugend war die Tragweite des Problems bewusst geworden, viele hatten Erlebnisse gehabt, wie sie die Aktivistin und Verkehrsplanerin Barbara Laa in der Sendung *Gedanken* auf Ö1 schildert. „Ich kann mich noch sehr gut erinnern, dass ich eine Vorlesung betreute, wo wir als Vortragende die Klimaforscherin Helga Kromp-Kolb zu Gast hatten. Mir war am Ende wirklich schlecht, körperlich schlecht, was da mit der Klimakrise auf uns zukommt. Ich glaub, dass es vielen jungen Leuten so geht, es ist ja auch ihre Zukunft."

Empörung und Verzweiflung sind leider schlechte Triebfedern, um eine Veränderung anzustoßen, sie lähmen eher. Der Jugend ist übel, während die Treibhausgasemissionen weiter steigen, das bringt uns nicht weiter. Um die 3,5-Prozent-Hürde zu schaffen, brauchen die Menschen Hoffnung, dass das Licht am Ende des Tunnels echt ist und nicht bloß ein entgegenkommender Zug. Das gibt ihnen Kraft und treibt sie an, mehr als die Angst vor der drohenden Katastrophe. Die Klimademos von 2019 waren der Beweis, wie leicht der Funke überspringen und viele Menschen auf die Straße bringen kann, die davor noch nie bei einer Demonstration waren. Es waren Protestmärsche der Hoffnung, nicht der Verzweiflung, die durch die Straßen zogen. Die humorvollen und ironischen Plakate der Jugendlichen verbreiteten Zuversicht, der Klimaschutz wurde als eine künftige Selbstverständlichkeit dargestellt, als der Alltag von morgen. Vielleicht sollten sich die Aktivistinnen und Aktivisten von Fridays for Future an den ehemaligen US-Oberst Helvey wenden, um herauszufinden, wie sich dieses Momentum wiederbeleben lässt. Vielleicht hat er eine Idee, wie man viele Menschen zu „Zweiflern und letztlich zu Verbündeten“ auf dem Weg in eine klimaneutrale Zukunft machen kann. Es braucht nur 3,5 Prozent, damit ein Schneeballeffekt in Gang kommt. Wenn die Loyalität gegenüber der fossilen Welt ins Rutschen kommt, sind deren Stunden gezählt, dann ist der Aufbruch in eine nachhaltige Welt nicht mehr aufzuhalten.

Was wir zum Leben brauchen, wird sich gegen uns stell'n.

DIE FANTASTISCHEN VIER,
AUS DEM SONG „ES WIRD REGEN GEBEN"

Schauen wir nach Tikopia!

Es war an einem Sonntag, ich hatte nichts zu tun, keine Lust, ein Buch zu lesen oder mir einen Film anzusehen, auch rauszugehen war keine Option, draußen herrschte schlechtes Wetter. So startete ich den Computer und surfte ein wenig im Internet. Dabei stieß ich auf eine Seite des Klimaministeriums, die versprach, in zehn Minuten zu zeigen, wie nachhaltig man in seinem Alltag lebte. Als Ergebnis wurden Ratschläge versprochen, die man „ganz leicht umsetzen“ kann. Ich klickte auf „Los geht's!“ und wurde nach einer Menge persönlicher Daten gefragt, von der Wohnsituation über Ernährung und Mobilität bis zum Konsumverhalten. Ich füllte alles gewissenhaft aus, bei einigen Fragen musste ich ein wenig nachdenken. Schließlich war ich durch. Am Ende erschien eine Grafik mit einer großen Zahl am Bildschirm. Mein CO_2-Fußabdruckrechner-Ergebnis: „Vorbildlich! Dein Gesamtergebnis liegt mit 6,1 Tonnen CO_2/Jahr weit unter dem österreichischen Durchschnitt von rund 12,8 Tonnen CO_2/Jahr!“

Toll, dachte ich, mein Fußabdruck war nur halb so groß wie der landesweite Durchschnitt, ich konnte mich beruhigt zurücklehnen! Ich hatte einmal gelesen, dass die CO_2-Emissionen in Katar pro Kopf weit über 30 Tonnen liegen, in den USA bei 15 Tonnen. Davon war ich meilenweit entfernt. Die Ernüchterung folgte jedoch ein paar

Sätze später. „Um den uns alle betreffenden Klimawandel zu stoppen, müssen wir unsere CO_2-Emissionen bis 2050 um durchschnittlich 90 Prozent senken", stand da. Wie soll das gehen?, dachte ich. Ich hatte seit über 30 Jahren kein eigenes Auto, flog praktisch nie, bezog zertifizierten Ökostrom und achtete beim Einkauf auf Bio-Lebensmittel aus der Region. Dennoch kam ich nur auf die Hälfte der durchschnittlichen CO_2-Emissionen, eine Reduktion um 90 Prozent erschien mir völlig illusorisch. Ich kann verstehen, wenn Menschen nach einem solchen Ergebnis enttäuscht den Laptop zuklappen und sich anderen Beschäftigungen zuwenden.

Wer hatte sich einen CO_2-Fußabdruckrechner einfallen lassen, der einem ein schlechtes Gewissen macht, weil er vor Augen führt, dass man persönlich bei Weitem nicht genug tut, um die Welt zu retten? In Bernie Wagners Kabarettprogramm „Galápagos" behauptet seine Freundin, der Ölkonzern BP hätte die Idee dazu gehabt, um uns davon abzubringen, den Konzern zur Verantwortung zu ziehen, weil er derjenige ist, der große Mengen Öl und Gas in Umlauf bringt. Sollen sich doch zuerst die Verbraucher ändern! Tatsächlich wussten Ölfirmen wie BP, Exxon, Shell und Total bereits in den 1970er-Jahren über die Wirkung von Treibhausgasen auf das Klima Bescheid. Die Prognosen ihrer Experten für die Jahre 1977 bis 2003 waren erstaunlich treffsicher, wie Klimaforscher der Harvard University und des Potsdam-Instituts für Klimaforschung (PIK) herausfanden. Total veröffentlichte in der 47. Ausgabe der hausinternen Zeitung 1971 einen Artikel, in dem stand: „Kohlendioxid spielt eine große Rolle im Wärmehaushalt der Atmosphäre […]. Luft, die mehr Kohlendioxid enthält, absorbiert mehr Strahlung und heizt sich auf. Es ist daher möglich, dass ein Anstieg der

Durchschnittstemperatur der Atmosphäre zu befürchten ist.“ Die Zeitschrift war den Historikern Christophe Bonneuil und Benjamin Franta in die Hände gefallen, als sie im Jahr 2021 gemeinsam mit dem Soziologen Pierre-Louis Choquet nach Beweisen für die frühe Beschäftigung der Ölindustrie mit dem Thema suchten. Im Artikel wurde auch das Abschmelzen der Polkappen durch die Erderwärmung erwähnt, was „zu einem erheblichen Anstieg des Meeresspiegels führt. Die katastrophalen Folgen sind leicht vorstellbar“. Das war 20 Jahre vor der ersten Klimakonferenz in Rio de Janeiro 1992! Den damaligen Mitarbeiterinnen und Mitarbeitern müsste man posthum fast eine Auszeichnung verleihen, da sie die Zusammenhänge so früh erkannten.

Zu ihrer Zeit erhielten sie dafür keine Anerkennung, im Gegenteil. Auch der Konzern Exxon beauftragte seine Forschungsabteilung, die Auswirkung der Verbrennung von Öl und Gas auf die Atmosphäre zu untersuchen. Als der Leiter James Black die Auswertung der Daten vorlegte, sagten diese eine Erderwärmung „um zwei bis drei Grad“ voraus, wenn man die Verbrennung von Öl, Gas und Kohle unvermindert fortsetzte. Die Manager hörten aufmerksam zu, dann berieten sie, was zu tun sei. Zu Blacks Verwunderung diskutierten sie jedoch nicht darüber, ob sie ihr Geschäftsmodell ändern sollten. Ihre Schlussfolgerung war, dass es eine Strategie brauche, um die wissenschaftlichen Erkenntnisse unwirksam zu machen. Sie starteten eine Kampagne, die Zweifel an den Forschungsergebnissen säte, falls diese an die Öffentlichkeit gelangten. Sie gaben alternative Studien in Auftrag, finanzierten Thinktanks und taten alles, um „den Durchschnittsmenschen Zweifel an der Klimaforschung hegen“ zu lassen. Ihre größte Angst war, dass die Politik die Ergebnisse ernst nahm und eine Klimasteuer einführte, um die fossilen Brennstoffe zurückzufahren. Das durfte auf keinen Fall geschehen, wie Francis Girault, die rechte Hand des Konzernchefs von Elf, in einem firmeninternen Strategiepapier schrieb: Man musste „voreilige Entscheidungen" der Politik verhindern, indem man Zweifel an der Gewissheit des Treibhauseffekts streute und „renommierte Wissenschaftler identifizierte", die das im Auftrag des Konzerns bestätigten.

Die Wissenschaftler wurden gefunden, man begegnet ihnen im Buch „Der Tollhauseffekt" von Michael Mann, das der preisgekrönte Klimawissenschaftler gemeinsam mit dem Pulitzer-Preisträger und Cartoonisten Tom Toles verfasste. In dem amüsanten Werk erfährt man nicht nur, wie Klimawissenschaft funktioniert, sondern auch, welche Tricks die fossilen Konzerne anwenden, um sie möglichst unwirksam zu machen. Eine beliebte Strategie ist zum Beispiel, in öffentlichen Debatten Klimawissenschaftlerinnen mit Klimaskeptikern zu konfrontieren, um den Eindruck zu erwecken, es stehe in der Wissenschaft Halbe-Halbe, was die Gewissheit zum Klimawandel angeht. Der britisch-amerikanische Satiriker John Oliver fand das so fies, dass er im Mai 2014 beschloss, den Spieß umzudrehen. Er kündigte in der Late-Night-Show *Last Week Tonight* eine „statistisch repräsentative Fernsehdebatte zum Klimawandel" an. Dazu lud er einen Klimawissenschaftler und einen Klimaleugner ein. Als der Klimaforscher zu einer Einleitung anhob, wurde er von John Oliver unterbrochen: „Im Sinne der mathematischen Ausgeglichenheit möchte ich noch zwei Leute dazuholen, die dem Klimaskeptiker am Tisch zustimmen, sowie 96 weitere Klimawissenschaftler, welche die menschliche Ursache für den Klimawandel als erwiesen betrachten." Von allen Seiten strömten Wissenschaftler in weißen Labormänteln ins Studio, der Raum war binnen Kurzem total überfüllt. Als Oliver den Klimaskeptiker um sein Statement bat, ging dieses im Tumult der Wissenschaftler unter, die laut durcheinanderriefen und Studien durch die Luft warfen. Nach wenigen Minuten sah sich der Moderator gezwungen, die Sendung abzubrechen, die Situation war eskaliert. Die Gegenüberstellung war eine Inszenierung gewesen, bis auf die ersten beiden Studiogäste waren weder echte Wissenschaftler noch echte Leugner hinzugekommen. Oliver wollte damit auf humorvolle Weise zeigen, wie verzerrt die Klimadebatten normalerweise laufen, um Menschen glauben zu machen, dass es keine wissenschaftliche Gewissheit beim Klimawandel gibt.

Der Konzern BP hatte mit seinem Fußabdruckrechner jedenfalls ungeahnten Erfolg. Umweltorganisationen auf der ganzen Welt forderten ihre Mitglieder auf, den Fußabdruck zu ermitteln und sich zu überlegen, was sie an ihrem Lebensstil ändern könnten, um dem Klima weniger zu schaden. Das schlechte persönliche Gewissen lenkte von der Tatsache ab, dass der Einzelne oft nicht in der Lage ist, der fossilen Welt zu entkommen.

Als die zwölfjährige Tochter einer Journalistenfamilie in Berlin im Ethikunterricht von der persönlichen Verantwortung für die Klimakrise hörte, fuhr sie daheim den Computer hoch und suchte ebenfalls nach einem Fußabdruckrechner. Bei der Beantwortung der vielen Fragen musste der Papa helfen, bald war die ganze Familie mit der Aufgabe beschäftigt. Das Ergebnis zeigte, dass die Familie einen Fußabdruck von 42 Tonnen CO_2 pro Jahr hatte, für jedes Familienmitglied mehr als zehn Tonnen. Im ersten Moment fanden sie das ziemlich niederschmetternd, da sieht man, wie der Fußabdruckrechner wirkt. „Wir durchlebten an jenem Abend folgende Reaktionskette: Schlechtes Gewissen, Seufzen, gute Vorsätze, Relativieren, Ratlosigkeit“, erzählen die Journalisten Petra Pinzler und Günther Wessel in ihrem Buch „Vier fürs Klima: Wie unsere Familie versucht, CO_2-neutral zu leben“. Doch ihre Neugier war geweckt, sie wollten wissen, was man tun konnte, um den Wert so weit wie möglich nach unten zu drücken. Sie führten Interviews mit Spezialisten und Expertinnen und hinterfragten sämtliche Gewohnheiten ihres Lebens, vom Einkauf über die Ernährung und Mobilität bis zur Urlaubsplanung. Die Freunde der Familie reagierten mit gemischten Gefühlen, hinter ihrem Rücken wurde getuschelt, „das Buchprojekt der beiden nervt“ und die Familie sei zu „besserwisserischen Spaßbremsen“ verkommen.

Ein ganzes Jahr lang reduzierten sie den Fleischkonsum, übten sich im ökologischen Gärtnern, kauften einen Fahrradanhänger und diskutierten die globale Verantwortung beim Verzehr von Mangos und Avocados. Am Ende hatten sie ihren Fußabdruck auf 29 Tonnen gesenkt. „Immerhin ein Minus von fast 31 Prozent“, trösteten sie sich. Sie hatten gelernt, dass ihre persönliche Macht beim Klimaschutz begrenzt war, „denn manches können wir einfach nicht beeinflussen“. Zwei Drittel der Emissionen stammten aus dem Fernwärmewerk, dem Antrieb der öffentlichen Verkehrsmittel und den Lebensmitteln im Supermarkt. „Ohne ein paar politische Weichenstellungen wird es fast unmöglich, dass wir alle viel ökologischer leben“, lautete ihr Fazit.

Die Ölkonzerne wissen das, darum bekämpfen sie jede Weichenstellung, die an ihrem Geschäftsmodell rüttelt. Beim Klimastreik am 15. September 2023 stieß ich auf ein Plakat, das diese Erkenntnis auf eindrucksvolle Weise auf den Punkt brachte. „Stop consumer shaming, start polluter taming“, stand da. Es forderte also auf, Schuldzuweisungen an Konsumentinnen und Konsumenten zu beenden und das Problem an der Wurzel zu packen, indem man die Verursacher der Emissionen zur Verantwortung zieht. Denn diese halten hartnäckig am fossilen Weg fest, was den Wandel in eine klimaneutrale Zukunft bremst. Auf lange Sicht könnte diese Beharrungstaktik aber fatale Folgen für uns alle haben, wie die folgende Geschichte zeigt.

Wenn sich plötzlich alles ändert

Ich habe lange gezögert, diesen Abschnitt ins Buch aufzunehmen. Ich wollte ein heiteres Buch zur Klimakrise schreiben, da sind Erzählungen vom Untergang vergangener Kulturen ein unpassendes Thema. Das ist wie auf einer Party – wenn man in die Runde wirft, man solle doch mal über die Energiewende reden, ist die Stimmung sofort im Keller. Durch Zufall war ich auf die Geschichte einer kleinen Insel gestoßen, deren Volk eine interessante Entwicklung durchgemacht hatte, samt einiger überraschender Wendungen, die ihnen das Überleben sicherten. Vielleicht lässt sich dabei etwas für die Gegenwart lernen, dachte ich. In der Vergangenheit gab es immer wieder Kulturen, die in eine Existenzkrise geschlittert waren. Die Bewohner der Insel haben das überlebt, andere Völker sind daran zugrunde gegangen. Werfen wir zuerst einen Blick auf Letztere, um zu sehen, wohin es führen kann, wenn Gesellschaften hartnäckig am eingeschlagenen Weg festhalten, obwohl sich die Verhältnisse grundlegend geändert haben.

Im Buch „Kollaps. Warum Zivilisationen überleben

oder untergehen“ von Jared Diamond wird die Geschichte der Anasazi erzählt, die ich bis dahin nicht gekannt hatte. Dieses Volk gibt es heute nicht mehr, es fand im 12. Jahrhundert ein unrühmliches Ende. Die ersten Siedler hatten sich vor rund 1500 Jahren im Chaco Canyon niedergelassen, einer abgelegenen und unwirtlichen Gegend im Nordwesten von New Mexico. Mehr als hundert Jahre lang lebten die Menschen in Höhlen, bevor sie anfingen, Häuser aus Stein zu bauen. Diese wurden mit der Zeit immer größer und reichten über mehrere Stockwerke, mit langen Holzbalken, die die Decken trugen. Das Holz dafür kam aus den umliegenden Wäldern, das sie mit einer ausgeklügelten Logistik herbeischafften. Der mächtigste Balken, den Archäologen fanden, war fünf Meter lang und wog 300 Kilogramm. Da der Regen im Canyon unberechenbar war, legten sie für ihre Felder ein durchdachtes Bewässerungssystem an. Innerhalb von 600 Jahren stieg die Bevölkerungszahl auf 5000 Menschen, was immer mehr Felder und Bewässerung erforderte. Im 12. Jahrhundert trat eine ungewöhnlich lange Dürre ein, der Grundwasserspiegel sank dramatisch, die Wurzeln der Pflanzen fanden kein Wasser mehr. Lange Dürreperioden waren in der Menschheitsgeschichte immer mit Hungersnöten verbunden. Die trockenen Felder brachten nicht mehr genug Ertrag und die Vorräte reichten nicht aus, da man sie nicht lange lagern konnte, ohne dass sie verdarben oder von Ungeziefer befallen wurden. Erst im 19. Jahrhundert sollte es zu einer landwirtschaftlichen Revolution kommen, die neue Anbaumethoden und höhere Erträge brachte, um auch in mageren Zeiten genügend Lebensmittel zu haben. Doch davon konnten die Anasazi nur träumen, ihre Nahrungsmittelvorräte gingen langsam zur Neige und der Hunger wurde immer schlimmer.

Gemäß der damaligen Vorstellung musste man die Götter milde stimmen, damit der ersehnte Regen kam. Mehr als ein Jahr lang haben die Priester alles in ihrer Macht Stehende versucht, doch die Götter waren nicht zu besänftigen. Die Trockenheit hatte den Boden derart ausgelaugt, dass die karge Maisernte nur noch ein Drittel der Bevölkerung ernähren konnte. In ihrer Verzweiflung begannen sich die Menschen zu weigern, ihre Nahrungsvorräte mit den Priestern zu teilen. Das war ein Tabubruch, denn die Priester galten als heilig und standen über allem. Doch der Hunger war stärker. Es kam zu Unruhen und Gewaltausbrüchen in der Bevölkerung, die Archäologen fanden erschreckende Spuren des Niedergangs. Man fand Reste von gerösteten und gekochten Menschenknochen, vereinzelt war es zu Kannibalismus gekommen. Als die Menschen reihenweise starben, rangen sich die Häuptlinge endlich durch, eine Evakuierung in fruchtbare Gebiete im Südwesten des Landes anzuordnen. Doch nur wenige fanden noch die Kraft zu fliehen, nahezu die gesamte Bevölkerung im Tal wurde vom Hungertod dahingerafft.

Als Hirten vom Stamm der Navajo 600 Jahre später die Gegend durchstreiften, fanden sie überwucherte Ruinen, auf die sie sich keinen Reim machen konnten. Sie gaben den verschwundenen Bewohnern den Namen „Anasazi", was so viel wie „die Alten" bedeutet. Den Begriff übernahm eine Gruppe US-amerikanischer Archäologen, die im 20. Jahrhundert herausfinden wollten, was der verschwundenen Zivilisation widerfahren war. Hätten die Anasazi etwas unternehmen können, um ihrer Auslöschung zu entgehen? Immerhin hatten sie eine Hochkultur entwickelt, mit belebten Städten, imposanten Gebäuden, einer hochentwickelten Landwirtschaft und einem ausgeklügelten Transportsystem. Doch sie hatten sich in dem kargen Tal einen etwas zu aufwendigen Lebensstil zugelegt, wie Jared Diamond schreibt. Praktisch alles, was sie zum Leben brauchten, war von außen importiert, von Dachbalken (die umliegenden Wälder reichten nicht aus) über Werkzeuge, Keramik, Kleidung, Schmuck bis zu Lebensmitteln. Der Chaco Canyon war „ein schwarzes Loch, das Waren importierte, aber selbst nichts Greifbares hergab", so Diamond. Das ging über mehr als ein Jahrhundert gut, bis die ungewöhnliche Dürre das Leben lahmlegte und den Warenstrom zum Versiegen brachte. Auf sich allein gestellt, wollten die Anasazi nicht wahrhaben, dass sie an ökologische Grenzen stießen und ihren Lebensstil nicht wie gewohnt fortsetzen konnten. Da halfen auch die Rituale der Priester nicht, gegen die Naturgewalt waren sie machtlos. Hätten sich die Könige die Aussichtslosigkeit früher eingestanden, wäre das vielleicht die Rettung für ihr Volk gewesen. Stattdessen hielten sie an alten Traditionen fest und begannen, sich gegenseitig um Wasser und Vorräte zu bekriegen. Auf die heutige Zeit übertragen zeigt dieses Beispiel, welch fatale Folgen ein starres Festhalten an bestehenden Verhältnissen haben kann, wenn sich äußere Umstände – wie etwa das Klima – dramatisch ändern.

Eine andere hoch entwickelte Gesellschaft, der sich Diamond widmete, war das Volk der Maya. Diesmal waren es keine Hirten, sondern die US-amerikanischen Forschungsreisenden John Lloyd Stephens und Frederick Catherwood, die die Überreste entdeckten. Im Jahr 1839 stießen sie im Dschungel der mexikanischen Halbinsel Yucatán auf eine überwachsene Ruinenstadt, die ihnen Rätsel aufgab. Um die Entdeckung für die Nachwelt festzuhalten, fertigten sie Zeichnungen und Karten an, eine unschätzbare Quelle für heutige Archäologinnen und Archäologen. Die beiden ahnten nicht, dass sie die sagenumwobene Maya-Stadt Copán entdeckt hatten, die im 8. Jahrhundert bis zu 30.000 Einwohner zählte. Sie durchkämmten den Urwald und fanden noch 40 weitere Maya-Städte, wie sie akribisch in ihren Tagebüchern notierten. Die steinernen Tempel und Pyramiden stammten aus dem 6. bis 9. Jahrhundert, als die Maya ihre Hochblüte erlebten. In der Blütezeit im 8. Jahrhundert lebten mehr als drei Millionen Menschen auf der Halbinsel, es war eine der am dichtest besiedelten Regionen der Welt. Wegen des günstigen Klimas waren mehrere Ernten im Jahr möglich, gegen Trockenzeiten hatte man große Wasserspeicher angelegt. Aus heutiger Sicht waren die technischen Errungenschaften beeindruckend und ermöglichten einem Millionenvolk ein für damalige Verhältnisse komfortables Leben.

Als 800 Jahre später Spanier auf der Halbinsel landeten, fanden sie nur 30.000 Einwohnerinnen und Einwohner vor. Was war geschehen? Die Halbinsel war 760 n. Chr. von einer außergewöhnlichen Dürre erfasst worden, die den Grundwasserspiegel so weit senkte, dass Felder und Brunnen zur Gänze austrockneten. Anders als die Anasazi hatten die Maya schon mehrere lange Dürreperioden durchlebt und gut überstanden, doch diesmal war es so schlimm nie zuvor. Für das Ausmaß dieser Dürre war die Bevölkerung eindeutig zu groß, die Versorgung mit Lebensmitteln brach zusammen. „Hunger ist die Mutter der Anarchie“, bemerkte schon der ehemalige US-Präsident Herbert Hoover, in dessen Amtszeit eine Weltwirtschaftskrise ausbrach, die dem Land große Unruhe bescherte. Als er 1932 abgewählt wurde und Franklin D. Roosevelt das Präsidentenamt übernahm, rief dieser als erste Amtshandlung einen

New Deal aus, um die Krise gemeinsam mit der Bevölkerung zu meistern.

Bei den Maya fehlte so eine Führungskraft, das Volk war in kleine Königreiche zersplittert, die verfeindet waren und ständig gegeneinander Krieg führten. Als das Trinkwasser knapp wurde, setzten sie sich nicht an einen Tisch und berieten, was zu tun sei, sondern begannen sich um die Wasservorräte zu streiten. Es kam zu einer Kaskade von Zusammenbrüchen, die sich über 150 Jahre zogen und unfassbaren 99 Prozent der Bevölkerung das Leben kosteten. Auch hier stellt sich die Frage, wie eine über 3000 Jahre alte Hochkultur einen derart wahnwitzigen Niedergang erleben konnte. Jared Diamond schreibt: „Wie die meisten Herrscher der Menschheitsgeschichte, so grübelten auch die Könige und Adligen der Maya nicht über langfristige Probleme, soweit sie diese überhaupt wahrnahmen."

Wie halten wir es heute? Nehmen wir die langfristigen Probleme der Klimakrise wahr oder sind wir nur auf kurzfristige Ablenkungen aus, um uns zu beruhigen? Die Politik scheint keinen Bedarf an klugen und vorausschauenden Entscheidungen zu haben, um die Klimakrise abzuwenden (rechte Parteien leugnen überhaupt das Problem). Dazu kommt noch, dass Politikerinnen und Politiker ihre Fähigkeit zur Problemlösung oft überschätzen und sich sehr wichtig nehmen, was zu fatalen Fehleinschätzungen führen kann.

Die Geschichte der Anasazi und Maya zeigt, dass die Gnade der Götter nicht ausreicht, es braucht vorausschauende politische Entscheidungen, um das Überleben zu sichern. An der Stelle kommt die Insel ins Spiel, die ich anfangs erwähnte. Sehen wir uns an, auf welche Weise deren Volk es schaffte, dem sicheren Untergang zu entkommen – und welche Orientierungshilfe das für die Gegenwart bieten könnte.

Die Überlebensstrategie

„Es gibt hier keine Restaurants, keine Bars, keine modernen Bungalows, die aufs Wasser ragen", erzählt der Expeditionsleiter Mike Moore. Seit mehr als zehn Jahren lotst er Yachtbesitzer zu der 2000 Kilometer nordöstlich von Australien gelegenen Insel, wo sie ein wunderschönes Korallenriff und kristallklares Wasser erwarten. Um Zutritt zu der Insel zu erlangen, muss er die vier Clanführer mit Kaffee, Zucker, Reis, Milchpulver und Zigaretten bestechen, wie er lachend erzählt. Die Tikopia sind ein kleines Volk, auf dem fünf Quadratkilometer großen Eiland leben gerade einmal 1200 Menschen. Doch die sind stolz auf ihre Kultur, die seit Jahrtausenden besteht. Es sind aber nicht die Naturschönheiten, die diese Insel für uns interessant machen, sondern es ist eine Begebenheit, die sich Ende des 16. Jahrhunderts abspielte.

Fast drei Jahrtausende lang herrschten auf Tikopia paradiesische Zustände, ein üppiger Urwald und fruchtbare Felder sorgten für ausreichend Nahrung, das Meer bot mehr Fische, Muscheln und Meeresschildkröten, als die Einwohnerinnen und Einwohner essen konnten. Die Insel ist nicht groß, an keiner Stelle ist man weiter als einen Kilometer vom Meer entfernt. Der Anthropologe Raymond Firth, der die Insel 1929 besuchte, schrieb in seinem Buch „Wir, die Tikopia", dass ihn die Einheimischen bei seiner Ankunft fragten, ob „es irgendwo ein Land gebe, wo man das Meer nicht hört". Das konnten sie sich nicht vorstellen. Brauchten die Menschen neues Ackerland, brannten sie den Urwald nieder, wollten sie mehr Proteine, plünderten sie die Brutkolonien der Vögel und Fledermäuse. Das ging lange gut, doch als die Bevölkerung wuchs, wurden die Nahrungsquellen knapp. Die Muscheln entlang der Küste wurden von Jahr zu Jahr weniger, viele Fledermäuse blieben aus und brüteten auf den Nachbarinseln. Um das Jahr 100 v. Chr. waren die natürlichen Ressourcen erschöpft.

Wie bei den Anasazi und Maya hätten die Tikopia ihr Schicksal in die Hände der Götter legen können, in der Hoffnung, dass sich das Blatt irgendwann wendet. Oder sie hätten einen erbitterten Streit um die schwindenden Ressourcen vom Zaun brechen können. Doch sie entschieden sich zu einem anderen Vorgehen. Sie bestiegen ihre schmalen Kanus und machten sich auf den weiten Weg zu den Nachbarinseln, wo sie etwas erwarben, was es in ihrer Heimat nicht gab: Hausschweine. Sie wussten, dass Fleisch zu den Hauptlieferanten für Proteine zählt, die in der Ernährung unerlässlich sind (ich sage hier nicht, dass Fleisch unentbehrlich ist, sondern Proteine – sie hätten auch Kichererbsen importieren können, die mit Schweinefleisch locker mithalten können).

Wie archäologische Funde zeigen, beendeten die Tikopia die Brandrodung und legten Plantagen für Bananen, Kokosnuss und Brotfrucht an. Die Schweine vermehrten sich rasch und sorgten für ausreichend Nahrung, die Krise war abgewendet. Muschel- und Vogelbestände erholten sich, die natürlichen Ressourcen der Insel waren wieder hergestellt. Leider machten die Schweine irgendwann einen Strich durch die Rechnung. Die Tiere begannen sich unkontrolliert zu vermehren, fielen in Horden über die Felder her, durchwühlten sie nach Nahrung und ließen sie verwüstet zurück. Wer einmal erlebt hat, welche Schäden ein paar Schweine anrichten können, wenn sie mit ihren Rüsseln hungrig im Boden wühlen, kann die

Verzweiflung der Menschen verstehen, als sie ihre Felder in einem Zustand fanden, als wäre ein ganzes Dorf mit Schaufeln ausgerückt und hätte auf dem Acker ein wildes Fest gefeiert. Ein Freund von mir ist Weinbauer, er zeigte mir Fotos von den Löchern rund um seine Weinstöcke, die Wildschweine gegraben hatten. Die Bilder waren beeindruckend und zeigten einen Vandalismus, den ich diesen sympathischen Tieren nicht zugetraut hätte. Mein Freund meldete sich sogar zum Jagdschein an und war der Einzige im Kurs, der in der Vorstellungsrunde von „Selbstverteidigung" als Grund für die Kursteilnahme sprach, was für Erheiterung sorgte. Jedenfalls: Die Tikopia begannen die Schweine zu jagen, um sie von den Äckern fernzuhalten. Doch die setzten ihre Überfälle unvermindert fort. So kam eine Spirale in Gang, bei der immer mehr Schweine gefangen und geschlachtet wurden, bis fast keine Tiere mehr übrig waren. Am Ende kamen nur noch Häuptlinge in den Genuss von Schweinefleisch, die wichtigste Proteinquelle der Bevölkerung war versiegt.

Irgendwann um das Jahr 1600 fassten die Tikopia schließlich den Entschluss, sich gänzlich von den Schweinen zu trennen. Sie töteten die letzten Exemplare und kehrten zu Fischen, Muscheln und Schildkröten zurück, deren Bestände sich mittlerweile erholt hatten. Doch die Erinnerung an den Raubbau der Vergangenheit war noch lebendig. Sie führten neue Regeln ein, um eine Übernutzung der natürlichen Ressourcen zu vermeiden. Wer Fische und Schildkröten im Meer fangen wollte, musste den Häuptling um Erlaubnis fragen, der diese auch verweigern konnte, wenn die Gefahr einer Überfischung bestand. Wenn Felder für längere Zeit brach lagen, durften sie von jedem und jeder bestellt werden – auch wenn es nicht die eigenen Felder, sondern jene der Nachbarn waren. So etwas ist wahrscheinlich nur auf einer kleinen Insel möglich, wo praktisch alle miteinander verwandt sind und einander kennen.

Das Volk der Tikopia hat in seiner Geschichte zwei Mal einen radikalen Kurswechsel vollzogen, um sein Überleben zu sichern. Der Untergang einer Gesellschaft ist selbst unter widrigsten Umständen nicht vorprogrammiert, wie man sieht. Es braucht allerdings den Mut, sich den Problemen zu stellen und sie an der Wurzel zu packen, statt die Energie auf Ersatzhandlungen zu verschwenden. Das gilt auch bei der Klimakrise, wo von Technologien fantasiert wird, die Treibhausgase aus der Atmosphäre saugen oder das Sonnenlicht abschwächen, um die Erwärmung einzubremsen, statt die Verbrennung von Öl, Gas und Kohle zu stoppen, die dafür verantwortlich sind.

Vernunft statt Tradition

Auch in der Geschichte Europas hat es gesellschaftliche Krisen durch klimatische Veränderungen gegeben, wie Philipp Blom in seinen Vorträgen immer wieder berichtet. Ihre Überwindung hat zur Entstehung der modernen Gesellschaft beigetragen, in der wir heute leben. In seinen Vorträgen blickt Blom fünf Jahrhunderte zurück, an den Beginn der Kleinen Eiszeit, als frostige Winter und kühle Sommer herrschten, die zu Ernteausfällen und Hungerkatastrophen führten. Die Menschen gaben nicht Göttern die Schuld, sondern Hexen und Zauberern, die angeblich Krankheiten verbreiteten und die Ernte verdarben. Als im April 1815 auf der indonesischen Insel Sumbawa ein gewaltiger Vulkan ausbrach, verschärfte sich die Situation noch. Der Vulkan Tambora schleuderte Unmengen Staub, Asche und Schwefeldioxid in die Atmosphäre. Gleichzeitig nahm zu der Zeit die Sonnenaktivität ab, beides zusammen führte zu einer globalen Abkühlung, die besonders Europa und Nordamerika traf. Das Jahr 1816 ging als „Jahr ohne Sommer“ in die Geschichte ein, im Juli und August herrschte Dauerregen, vereinzelt schneite es sogar. Der Vulkanausbruch muss unvorstellbar heftig gewesen sein, dem Berg fehlten nachher 1400 Höhenmeter, die gesamte Bergspitze. Die Explosion war noch im 2000 Kilometer entfernten Sumatra zu hören, wo sie Sir Thomas Stamford Raffles, der Oberbefehlshaber der britischen Streitkräfte, für Schüsse hielt, wie er in seinen Memoiren schreibt. Die verzweifelten Bauern in Europa versuchten, das „Übel an der Wurzel zu packen und die Schuldigen aus dem Weg zu räumen“, wie der Historiker Wolfgang Behringer in seinem Buch „Kulturgeschichte des Klimas – Von der Eiszeit bis zur globalen Erwärmung“ schreibt. Wie bei den Anasazi und Maya gab es mit zunehmendem Hunger kein Halten mehr. Sogar hochstehende Adelige und Theologen wurden festgenommen, der Hexerei beschuldigt und auf dem Scheiterhaufen verbrannt. Die Bestrafung der vermeintlich am schlechten Wetter Schuldigen wurde als „Bekämpfung eines Ausnahmeverbrechens“ bezeichnet, bei der jedes Mittel recht war.

„Sie können sich vorstellen, dass diese Maßnahmen gegen die Kälte nicht besonders effektiv waren“, schüttelte Philipp Blom den Kopf, als er die Geschichte im Oktober 2019 in der Politischen Akademie Saarbrücken erzählte. „Was dagegen wirkte“, fuhr er fort, „war eine Änderung der landwirtschaftlichen Praktiken, mit denen die Menschen auf das geänderte Klima reagierten.“ Bis ins 18. Jahrhundert hatten nur Mönche und Kräuterfrauen umfassendes Wissen zu Pflanzen und Tieren. Im Zuge der Aufklärung kamen Biologen und Botanikerinnen hinzu, die sich der Wissenschaft bedienten, um Anbaumethoden zu verbessern und neue Pflanzen zu züchten. Von ihnen kam der Vorschlag, den Pflug nicht von Menschen, sondern von Ochsen ziehen zu lassen, die wesentlich kräftiger waren und wertvollen Dünger für die Felder lieferten. Später kamen Eisenpflüge auf Rädern hinzu, die tiefer in die Erde fuhren und mehr Material umwälzten, was die Humusbildung förderte. Der Tierdung und die untergepflügten Halme erhöhten die Fruchtbarkeit der Felder, und obwohl das Wetter schlecht war, erhöhte sich der Ertrag bei Weizen, Roggen und Gerste wesentlich.

Ein weiterer Retter in der Not war die Kartoffel, die spanische Seefahrer im 16. Jahrhundert aus Südamerika mitgebracht hatten. Sie lieferte in den Anden seit Jahrtausenden beachtliche Erträge, trotz magerer Böden und kühlem Klima, womit sie ideal für die Kleine Eiszeit in Europa war. Anfangs betrachteten die Menschen sie nur als Zierpflanze und erfreuten sich an den hübschen weißen, rosa und lila Blüten, mit denen die Frauen ihre Haare schmückten. Essen wollte sie niemand, was kein Wunder war, da die kirschgroßen Früchte giftig sind und zu Bauchschmerzen, Schweißausbrüchen und Atemnot führen können. Die Kartoffel wurde als „Teufelspflanze" bezeichnet und daher von Köchen gemieden. Wer auch immer im 17. Jahrhundert auf die Idee kam, statt der Früchte einmal die Knolle zu probieren, leitete damit eine Zeitenwende ein. Die Kartoffelknolle war überraschend bekömmlich, wenn man sie vorher in Wasser kochte, was sich im Laufe der Zeit herumsprach. Es dauerte aber noch ein Jahrhundert, bis großflächig Kartoffeläcker angelegt wurden. Bekannt ist die Geschichte von Friedrich dem Großen, der während einer Hungersnot in Preußen den Befehl erließ, auf möglichst vielen Feldern Kartoffelpflanzen anzubauen. Die Bauern waren misstrauisch, was der König wohl damit bezwecke, also musste er zu einer List greifen. Er ließ einen königlichen Kartoffelacker anlegen und von Soldaten bewachen, was den Eindruck erweckte, dass es sich um wertvolle Pflanzen handelte. Die Rechnung ging auf, die Bauern begannen die Kartoffeln heimlich zu stehlen und auf den eigenen Feldern einzusetzen, was die Verbreitung der Kartoffel in Deutschland beschleunigte (die Soldaten hatten vermutlich den Befehl, im richtigen Moment wegzusehen). Heute gehört sie neben Reis und Getreide zu den weltweit wichtigsten Grundnahrungsmitteln. Die Kartoffel, die Ochsen, die Düngung, das alles waren Neuerungen, die den Menschen in der Kleinen Eiszeit halfen, zu überleben. Wie die Tikopia hatten sie Wege gefunden, den schwindenden Erträgen mit Änderungen in der Landwirtschaft zu begegnen. Eine weitere Ähnlichkeit war die Entscheidung, in Handelsbeziehungen mit anderen Ländern zu treten, um Getreide zu importieren, ein Grundnahrungsmittel, an dem es wegen der anhaltenden Kälte in der Heimat mangelte.

Was in Europa noch dazukam, war ein geistiger Aufbruch, der mit Traditionen brach und vorherrschende Dogmen infrage stellte. Wissenschaft und Vernunft traten an die Stelle der göttlichen Ordnung, scheinbar zufällige und chaotische Naturphänomene wurden mit logischen Naturgesetzen erklärt. Blitz und Donner waren nicht mehr Zeichen göttlichen Zorns, sondern elektrische Entladungen in der Atmosphäre. Die Bewegung der Sterne wurde nicht von Gott gelenkt, sondern verlief in mathematisch genau berechneten Bahnen. Die Erkenntnisse in Physik und Mathematik führten zu zahlreichen technischen Erfindungen, etwa der Dampfmaschine, der Eisenbahn oder des mechanischen Webstuhls. Die Kohle war der Treibstoff der industriellen Revolution, die in Großbritannien ihren Anfang nahm. Sie lieferte die Energie für Maschinen, Fabriken und Lokomotiven und machte Großbritannien zum ersten „kapitalistischen Industriestaat" der Welt. Im 19. Jahrhundert wurde die Kohle zunehmend von Erdöl abgelöst, das man in großen Mengen in den USA und unter dem Kaspischen Meer gefunden hatte. Das „schwarze Gold" entwickelte sich rasch zu einer wichtigen Energiequelle und brachte neue technologische Entwicklungen wie zum Beispiel den Verbrennungsmotor hervor, den wir noch heute nutzen. Anfang des 20. Jahrhunderts spielte Erdöl allerdings noch eine geringe Rolle im Alltag der Menschen. Meine Großmutter, die im Jahr 1906 geboren wurde, war ohne Ölheizung aufgewachsen, in ihrer Kindheit spielte fossile Energie keine Rolle. Es gab praktisch keine Autos auf der Straße, die Fuhrwerke wurden von Pferden gezogen. Geheizt wurde mit Holz und Kohle, Petroleumlampen und Kerzen spendeten Licht.

Als meine Großmutter 1995 starb, waren Öl und Gas aus dem Alltag nicht mehr wegzudenken. In nur einer Lebensspanne hatte sich die Welt komplett verändert, fossile Energie war von einer Randerscheinung zum wichtigsten Faktor des modernen Lebens geworden. Diesen Wandel haben drei Generationen miterlebt, die meiner Großeltern, meiner Eltern und meine eigene Generation. Ich selbst und meine Kinder sind bereits in einer Welt aufgewachsen, in der fossile Energie immer selbstverständlich war, wir kennen es nicht anders. Doch ebenso rasch könnte das fossile Zeitalter wieder zu Ende gehen. Wenn ich Vorträge vor Schulklassen halte, erzähle ich den Kindern die Geschichte meiner Oma und prophezeie ihnen, dass sie im Laufe ihres Lebens eine ähnliche Erfahrung machen könnten, nur in umgekehrter Reihenfolge: „Wenn ihr mal Opas und Omas seid, wird es Erdöl nur mehr in Buntstiften und Medikamenten geben, keiner wird mehr damit heizen oder herumfahren. Fossile Energie wird keine Rolle mehr spielen, das wird eine schöne Zeit!"

Die Erfahrung des 20. Jahrhunderts zeigt, wie schnell ein Systemwechsel vonstattengehen kann, der zu einer neuen Welt führt, die es davor noch nicht gegeben hat. Etwas Ähnliches könnte sich im 21. Jahrhundert vollziehen, wobei diesmal erneuerbare Energien der Motor des Wandels sind, mit denen wir uns eine neue Welt bauen, die besser ist als alles davor. Unsere Kinder werden im besten Fall erleben, wie sie nicht nur die Klimakrise bezwingen, sondern ein fröhliches und buntes Leben führen, in dem einige anstrengende Dogmen gefallen sind, die das Leben seit Jahrhunderten bestimmt haben (wie das unbegrenzte Wachstum von allem). Die Ideen dafür sind bereits erdacht, wie wir im Kapitel „Die schöne Welt von morgen" gesehen haben. Die industrielle Revolution konnte sich nur durchsetzen, weil die revolutionären Vorstellungen von einem anderen Leben auf fruchtbaren Boden gefallen waren, die Gesellschaft in Europa war bereit dafür. Wenn man den Umfragen der letzten Jahre glauben darf, dürfte das auch heute der Fall sein. Laut einer Studie der Vereinten Nationen im Jahr 2024, bei der 75.000 Menschen in 77 Ländern befragt wurden, wünschen sich vier von fünf Menschen einen entschiedeneren Kampf gegen den Klimawandel, selbst in China (73 Prozent) und den USA (66 Prozent) sprach sich eine satte Mehrheit dafür aus. Vielleicht erleben wir in diesem Jahrhundert eine erneute Revolution, die uns aus der fossilen Gegenwart in eine klimaneutrale Zukunft führt. Diese wird umso schneller erfolgen, je klarer unser Bild von einer solchen Zukunft ist. Die Erfahrungen in Kopenhagen, Paris und New York City zeigen, wohin die Reise gehen kann. Vielleicht brauchen wir einen neuen Kompass, der uns den Weg in die Zukunft weist. Der alte Kompass, dem wir seit über 2000 Jahren folgen, taugt nicht mehr und führt uns in die falsche Richtung. Diese Erkenntnis wird von immer mehr Menschen geteilt, selbst der Papst ist mittlerweile dieser Meinung, wie wir im nächsten Kapitel sehen werden.

Die Erde könnte wieder ein Paradies werden.
Alles ist möglich.

ERICH KÄSTNER, „PÜNKTCHEN UND ANTON“

Ein neuer Kompass

Es war ein Sommertag im Jahr 2015, ich saß beim Frühstück und blätterte die Zeitung durch, da erblickte ich eine Schlagzeile, die mich stutzen ließ. „Papst ruft zur ‚ökologischen Umkehr' auf", stand da, eine „besorgniserregende Erwärmung des Klimasystems" sei im Gange, an der „das unersättliche und unverantwortliche Wachstum der Wirtschaft" schuld sei. War Papst Franziskus jetzt ein grüner Wachstumskritiker geworden? Der Artikel handelte von „Laudato si'", der Öko-Enzyklika des Papstes mit dem Untertitel „Über die Sorge um das gemeinsame Haus", die im Mai erschienen war. Enzykliken sind ermahnende Rundschreiben des Kirchenoberhauptes, es war das zweite von drei Rundschreiben seiner Amtszeit. Die Enzyklika „Laudato si'" liest sich wie eine Publikation des Weltklimarates IPCC, es wird darin eindringlich vor einer weiteren Erderwärmung gewarnt, vor der Zunahme der Umweltverschmutzung und dem Verlust der Artenvielfalt. Der Papst kritisiert, dass die ökonomisch und politisch Mächtigen versuchen, „die Probleme zu verschleiern oder ihre Symptome zu verbergen", deren Auswirkungen aber immer schlimmer werden, „wenn wir mit den gegenwärtigen Produktionsmodellen und Konsumgewohnheiten fortfahren". Die Enzyklika war einige Monate vor der UN-Klimakonferenz in Paris veröffentlicht worden und appellierte an das Gewissen der Staatenlenker, sich der Klimakrise ernsthaft anzunehmen, um „in dieser Sache voranzukommen". Einigen konservativen Politikerinnen und Politikern ging dieser Appell zu weit, der republikanische US-Präsidentschaftskandidat Jeb Bush stellte umgehend klar, er lasse sich „sicher nichts von Bischöfen, Kardinälen oder dem Papst vorschreiben", denn es gäbe „technologische Lösungen für so ziemlich alles". Eine fast schon ketzerische Haltung für einen Politiker, der „stolz auf seinen katholischen Glauben" ist, wie er beim Besuch des Papstes in den Vereinigten Staaten im Herbst 2015 verkündete. Die Klimakrise auf die leichte Schulter zu nehmen, ist jedenfalls keine vernünftige Haltung, wie Papst Franziskus in der Enzyklika schreibt: „Wenn jemand die Erdenbewohner von außen beobachten würde, würde er sich über ein solches Verhalten wundern, das bisweilen selbstmörderisch erscheint."

Dem Kirchenoberhaupt war bewusst, dass es beim Klimathema widersprüchliche Ansichten gibt. Einige seien der Meinung, man müsse „um jeden Preis am Mythos des Fortschritts festhalten" und alles mit Technik lösen, andere hielten die Menschheit für unbelehrbar und sehen als einzigen Ausweg, „die Präsenz des Menschen auf dem Planeten zu reduzieren", schreibt er. Zwischen diesen Extremen gelte es, vernünftige Szenarien zu entwickeln, um die Klimakrise in den Griff zu bekommen. Er geht dabei auch auf den biblischen Auftrag zur Unterwerfung der Natur ein, der seiner Ansicht nach missverstanden wurde. Die „wilde Ausbeutung der Natur" sei ein Irrweg und „keine korrekte Auslegung der Bibel". Man müsse die Genesis im Zusammenhang lesen und daran erinnern, dass Gott die Menschen aufgefordert hat, die Welt zu „bebauen" und zu „hüten" (Genesis 2,15).

Dem Pariser Klimagipfel folgten weitere Konferenzen, bei denen jedoch nichts Nennenswertes beschlossen wurde. Nur die 24. Klimakonferenz in Katowice schrieb Geschichte, da sie unabsichtlich zur Geburtsstunde von Fridays for Future wurde. Die nächste Klimakonferenz, die international Wellen schlug, war die COP28 im Dezember 2023 in Dubai. Das lag aber nicht an bahnbrechenden Beschlüssen, sondern an der Tatsache, dass sie in den Vereinigten Arabischen Emiraten stattfand, einem Global Player im Ölmarkt. Es gab viel Empörung, aber erstaunlich wenig Witze darüber auf Social Media. In der Tageszeitung *Die Presse* erschien ein Gastkommentar von mir („Der Klimagipfel, der zum Lachen ist"), in dem ich dafür plädierte, solchen Ereignissen mit Humor zu begegnen, um uns deren Absurdität vor Augen zu führen. Ein Klimagipfel, bei dem sich der leitende Ölminister im Vorfeld die Hände rieb und zum Einfüllstutzen griff, um geschäftlich Öl zu verteilen, war ein guter Anlass dafür, wie ich fand.

Auch die darauffolgende COP29 im November 2024 fand in einem Land statt, dessen Exporteinnahmen zu 90 Prozent aus Öl und Gas stammen. Das Gastgeberland Aserbaidschan hatte den Ausstieg aus fossilen Brennstoffen gleich gar nicht auf die Agenda gesetzt, worüber Klimaforscherinnen und -forscher nur mehr den Kopf schütteln konnten. Darüber hinaus war die Konferenz überschattet von der Wahl des US-Präsidenten Donald Trump, der die Existenz des Klimawandels überhaupt leugnet. Einen Tag vor Beginn der Konferenz trafen sich hundert Engagierte aus der Klimabewegung in Berlin, die sich angesichts der politischen Lage fragten, was Klimaprotest eigentlich noch bringt. Viele kannten sich persönlich und sprachen einander Mut zu, es war „eine Art

Motivationsseminar für die Aktivistinnen und Aktivisten, die noch nicht aufgegeben haben", wie die Journalistin Birgit Raddatz, die an der Versammlung teilnahm, für die *Tagesschau* schreibt. Die Ermutigung gelang, die Teilnehmenden entwarfen positive Bilder einer klimaneutralen Welt und verabschiedeten sich am Ende des Tages mit einem Lächeln, wie Raddatz schildert.

Der Papst veröffentlichte einen Monat vor der COP28 ein neues Apostolisches Schreiben, „Laudate Deum" („Lobt Gott"). Darin forderte er die Politik auf, bei der Klimakonferenz für Weichenstellungen zu sorgen, die unseren Planeten für künftige Generationen „gesund und harmonisch" erhalten. Er kritisierte das „wachsende technokratische Paradigma", dem die „Vorstellung eines Menschen ohne jegliche Grenzen" zugrunde liegt, „dessen Fähigkeiten und Möglichkeiten dank der Technologie bis ins Unendliche erweitert werden können". Dieses Paradigma gibt es in unserer Kultur schon lange, wie der deutsche Philosoph Oswald Spengler Anfang des 20. Jahrhunderts in seinem Buch „Der Untergang des Abendlandes" schreibt. In dem mehr als tausendseitigen Werk, an dem er ein Jahrzehnt gearbeitet hat, stellt er die These auf, dass es in der gesamten abendländischen Kultur zu einer schrittweisen Aufhebung jeglicher Grenzen gekommen sei. In Wissenschaft, Technik, Medizin und Kunst schien ab der Aufklärung alles möglich, selbst unbegrenztes wirtschaftliches Wachstum wurde denkbar. Außer dem Abendland hatte er noch sieben weitere Hochkulturen in Europa, Afrika, Amerika und Asien untersucht, deren Aufstieg, Blüte und Niedergang jeweils rund ein Jahrtausend gedauert hatte. Daraus zog er den Schluss, dass auch die abendländische Kultur, die ihm zufolge vor rund tausend Jahren ihren Anfang nahm, im kommenden Jahrhundert dem Ende zugehen wird. Mit dem Aufstieg und Fall einer Kultur war auch ein Wechsel der Leitidee einhergegangen, die die Epoche geprägt hatte. Die Leitidee der abendländischen Kultur nannte er den unendlichen Raum, die Grenzenlosigkeit im Tun. Daran knüpft auch die Kritik in der päpstlichen Enzyklika an, die unsere Zeit von einem „unendlichen und grenzenlosen Wachstum" geprägt sieht, das „die Ökonomen, Finanzexperten und Technologen so sehr begeisterte". Wenn sich das Abendland dem Ende zuneigt und unsere Kultur des unendlichen Raums durch eine neue Epoche abgelöst wird, die einer anderen Leitidee folgt, stellt sich unweigerlich die Frage: Welche Leitidee könnte das sein? Vielleicht eine, die uns aus der Klimakrise führt? Bevor wir uns dieser Frage zuwenden, wollen wir noch einen Ausblick wagen und schauen, was uns erwartet, wenn wir mit der alten Leitidee noch länger weitermachen.

Der Jenga-Effekt

Der US-amerikanische Ökonom Dennis Meadows und seine Frau Donella Meadows, eine renommierte Umweltwissenschaftlerin, stellten gemeinsam mit einem Wissenschafts-Team Anfang der 1970er-Jahre die Frage, ob das Wachstum von Wirtschaft und Gesellschaft endlos so weitergehen kann oder ob wir irgendwann an Grenzen stoßen, die uns von der Natur vorgegeben sind. Sie trugen alle verfügbaren Daten zur Bevölkerungsentwicklung, Industrialisierung, Förderung von Rohstoffen und Umweltzerstörung zusammen und fütterten damit ein kybernetisches Computermodell, das ein Dutzend Szenarien für die Zukunft errechnete. Bis Mitte des 21. Jahrhunderts zeigten alle Szenarien einen stabilen Verlauf, Bevölkerung und Wirtschaft wuchsen, die Ernährung war gesichert, die Umweltverschmutzung hielt sich in Grenzen. Gegen Mitte des Jahrhunderts jedoch schaukelten sich einige Rückkopplungen auf, das System geriet zunehmend aus der Balance. Die Nahrungsmittelproduktion und die Rohstoffvorräte begannen stark zu schrumpfen, die Lebensbedingungen verschlechterten sich insgesamt dramatisch. Die Berechnungen ergaben, dass auf der Erde nicht genug Rohstoffe und Umweltressourcen für ein weiteres Jahrhundert unbegrenzten Wachstums zur Verfügung standen. In fast allen Szenarien kam es in der zweiten Hälfte des 21. Jahrhunderts zum Kollaps der Weltbevölkerung. Die Studie „Grenzen des Wachstums" des Club of Rome enthielt aber auch stabile Szenarien, in denen Geburtenkontrolle, Begrenzung des Kapitalwachstums, Umweltschutz und der Ausstieg aus fossiler Energie eine Stabilisierung der Weltbevölkerung auf hohem Niveau erreichte. Interessant war, dass in keinem einzigen Szenario allein technologische Maßnahmen ohne steuernde Eingriffe des Staates zur Stabilität geführt hatten.

Ein Jahr nach der Veröffentlichung, 1973, kam es zur ersten Ölkrise, die Preise schossen in die Höhe und die Versorgung mit Öl wurde knapp. Das machte die Studie schlagartig weltberühmt, weil sie eine ähnliche Entwicklung vorhergesagt hatte. Ein Barrel Rohöl hatte das ganze 20. Jahrhundert hindurch nie mehr als drei Dollar pro Fass gekostet, nun kletterte der Preis in kurzer Zeit auf das Vierfache, das war für alle ein Schock. In mehreren Ländern wurden Energiesparmaßnahmen wie Fahrverbote und Tempolimits verordnet. Auch das Auto meiner Eltern hatte einen Aufkleber mit den Buchstaben „MI" an der Windschutzscheibe. Damit war es erlaubt, den Wagen an allen Wochentagen zu benützen, nur nicht am

Mittwoch. Da ließen sie das Auto stehen und fuhren mit der Straßenbahn in die Arbeit. Manchmal denke ich, der Straßenverkehr würde heute anders aussehen, hätten wir das damals beibehalten und schrittweise ausgebaut. Doch nicht einmal die zweite Ölkrise 1979, in der das Barrel Öl bis zu 38 Dollar kostete, bewirkte ein Umdenken. Geschweige denn die Finanzkrise von 2008, die zum bislang historischen Höchststand von 147 Dollar für ein Barrel Öl führte. Im Jahr 2021 war die weltweite Nachfrage nach Erdölprodukten so hoch wie nie, wir sind 50 Jahre nach dem Bericht des Club of Rome immer noch mitten im Erdölzeitalter. Die Prognose von Meadows zu dessen baldigem Ende stellte sich als kapitale Fehleinschätzung heraus.

Auch andere Fehler in der Modellierung wurden gefunden, alle zehn Jahre wird seither ein Update zu den Berechnungen durchgeführt, mit immer besseren Daten und Computern. Die Hoffnung ist, dass wir mehr Zeit für einen Wandel haben, als es die „Grenzen des Wachstums" vorhersagten. Doch auch neuere Berechnungen kommen zum Schluss, dass wir im Kern immer noch im Business-as-usual-Szenario des dauerhaften, unbegrenzten Wachstums vom ersten Modell unterwegs sind. Ein zentraler Unterschied ist, dass nicht die Rohstoffe zur Neige gehen, sondern die Artenvielfalt auf diesem Planeten abnimmt, was noch viel dramatischer ist. Kupfer kann man durch Aluminium oder Stahl ersetzen, wenn es knapp wird, aber wie ersetzt man Feldhasen oder Bienen auf den Äckern? Weltweit ist eine Million Arten vom Aussterben bedroht, ein Viertel aller Tiere und Pflanzen auf diesem Planeten. Heute ist die Windschutzscheibe nach längerer Fahrt nicht mehr von toten Insekten verklebt wie früher, sondern bleibt weitgehend sauber. Der Grund ist nicht, dass die Tiere gelernt haben, den Autos auszuweichen. Es gibt heute schlichtweg weniger Insekten. Fragt man Biologinnen und Biologen nach den Gründen, so weisen diese auf die Bodenversiegelung durch Gebäude, Straßen und Parkplätze hin, auch die intensive Landwirtschaft verringert den Lebensraum der Tiere. Ich war ziemlich verblüfft, als ich in einer Covergeschichte des *profil* im Jänner 2019 las, dass 60 Prozent weniger Hasen auf unseren Feldern leben als vor 35 Jahren. Der Vermehrungskünstler hat es sogar kurzzeitig auf die Rote Liste der bedrohten Tierarten geschafft. Auch der Bestand an Vögeln, Fischen, Säugetieren, Amphibien und Reptilien ist im selben Zeitraum um fast drei Viertel geschrumpft.

Insekten sind nicht sehr beliebt, man denkt sofort an Mücken und freut sich, wenn sie ausbleiben. Doch wir würden ganz schön schauen, wenn es keine Insekten auf diesem Planeten gäbe. Wer würde die Pflanzen bestäuben, damit sie Samen und Früchte tragen? Welche Folgen ein vollständiges Ausbleiben von Insekten hätte, hat die Umweltorganisation Greenpeace vor Jahren in einer Aktion auf einem deutschen Wochenmarkt gezeigt. Die Aktivistinnen und Aktivisten bauten einen Marktstand auf, genau genommen waren es zwei Stände, die sie mit Obst und Gemüse aus der Region bestückten. Bei dem einem Stand hatten Insekten bei der Bestäubung der Blüten mitgeholfen, beim anderen waren sie ausgeblieben. Der Stand ohne Insektenbestäubung hätte nach einem halben Tag schließen müssen, mit dem Angebot hätte sich keine vernünftige Mahlzeit zubereiten lassen. Was Insekten jeden Tag leisten, lässt sich am Beispiel der Biene zeigen. Eine Honigbiene fliegt durchschnittlich 30-mal pro Tag aus und bestäubt bis zu 900 Blüten, das könnten wir niemals händisch erledigen. Die Hälfte aller Wildbienenarten steht in Deutschland mittlerweile auf der Roten Liste. In Österreich sind wir davon noch verschont, wir haben mit über 700 Arten eine besonders hohe Vielfalt.

Geht es den Wildtieren an den Kragen, ist das wie beim Jenga-Spielen, meinen die Fachleute. Bei diesem Geschicklichkeitsspiel zieht man ein Holzklötzchen nach dem anderen aus einem aufgestapelten Turm, bis dieser plötzlich in sich zusammenkracht. Selbst aus einem wackligen Turm kann man noch vorsichtig Klötze ziehen, ohne dass er kollabiert, darin liegt die Spannung des Spiels. Irgendwann ist aber die Grenze erreicht, die Statik spielt nicht mehr mit und der Turm fällt zusammen. Wer davor das letzte Hölzchen gezogen hat, hat verloren. Bei Jenga mit der Natur wären wir alle die Verlierer, weil nach dem letzten Hölzchen der natürliche Kreislauf zusammenbricht, der unsere Versorgung sichert. Der zunehmende Artenschwund ist ein Zeichen, dass der Turm bereits wackelt, wir machen dennoch unvermindert weiter. Es ist höchste Zeit für eine neue Leitidee, die uns hilft, mit der Natur zu leben und nicht gegen sie. Eine Leitidee, die den „unendlichen Raum" in Zukunft ersetzt.

Verantwortung für das Ganze

Wie verfilmt man ein Buch, das eine ganzheitliche, ökologische Sicht fürs 21. Jahrhundert präsentiert? Ein klassischer Spielfilm wird das nicht, das war Bernt Capra klar. Er wählte eine mittelalterliche Abtei auf der Insel Mont-Saint-Michel im Norden Frankreichs, deren Abgeschiedenheit sich gut für einen Film mit langen Dialogen eignete. Der Film „Wendezeit" basiert auf dem gleichnamigen Buch von Fritjof Capra, dem Bruder des Filmemachers, in welchem ein Paradigmenwechsel beschrieben wird, der sich seit den 1970er-Jahren in Medizin, Technik, Ökonomie und Bildung vollzieht. „Die neue Sicht der Wirklichkeit beruht auf der Erkenntnis, dass alle Phänomene – physikalische, biologische, psychische, gesellschaftliche und kulturelle – grundsätzlich miteinander verbunden und voneinander abhängig sind", wie Fritjof Capra schreibt. Im Film treffen ein amerikanischer Präsidentschaftskandidat und sein Redenschreiber auf der Insel eine Physikerin und ihre Tochter, die dort Urlaub machen. Zwischen dem Politiker und der Physikerin entspinnt sich ein ausführlicher Dialog über die Segnungen des technischen Fortschritts und der Wissenschaft, aber auch über die Probleme, die sie mit sich gebracht haben. Die Physikerin Sonia Hoffman (gespielt von Liv Ullmann) erklärt, dass wir seit der Aufklärung einem Weltbild folgen, das uns tolle Erfindungen beschert hat und großen Wohlstand brachte. Heute richtet es aber mehr Schaden als Nutzen an, wie man an der Erderwärmung und anderen globalen Krisen sieht. Hoffman schildert ihre Sicht auf die Welt als verwobenes Ganzes, in dem alle Dinge miteinander vernetzt sind, alles zueinander in Beziehung steht und sich gegenseitig beeinflusst (sie verkörpert eindeutig Fritjof Capra). Dem Politiker Jack Edwards (gespielt von Sam Waterston) ist diese Sichtweise zu abgehoben. „Wenn alles miteinander vernetzt ist", erwidert er kopfschüttelnd, „muss man dennoch irgendwo anfangen, die Probleme zu lösen. Das ist die eigentliche politische Frage: Wo fangen wir an?"

Da war sie wieder, die mechanistische Sichtweise, wo wir „nach dem richtigen Stückchen suchen, um es zu reparieren, statt die Welt auf andere Weise zu sehen", wie Hoffman erwidert. Fritjof Capra ging es in seinem Buch nicht darum, das mechanistische Weltbild als Ganzes zu verdammen, wie er in einem Interview mit dem *Spiegel* zwei Jahre nach der Erstveröffentlichung erklärte: „Dieses von Descartes philosophisch entworfene und von Newton mathematisch verfeinerte Weltbild ist keineswegs des Teufels. Im Gegenteil: Es hat jahrhundertelang seine Verdienste gehabt. Es hat der Entwicklung der Industrie Modell gestanden, die Wunder der Technik beschleunigt und war das Argument der Aufklärung gegen den Dogmatismus der Kirche. [...] Es gibt also nicht den geringsten Grund, [es] in Bausch und Bogen zu verdammen. Aber wir sind heute endlich so weit, seine Grenzen einzusehen. Nachdem es seine Segnungen vollbracht hat, richtet es heute weitgehend Schaden an."

Im letzten Teil des Buches entwirft Capra ein Bild des „Solarzeitalters", man könnte es fast als Frühwerk der Energiewende bezeichnen (deren historische Entwicklung ich im Buch „Energiewende – Die Revolution hat schon begonnen" beschrieben habe). Zu seinem 70. Geburtstag bekräftigte Capra in einem Interview die Überzeugung, dass „die wichtigsten Probleme nicht einzeln gelöst werden können, sondern miteinander zusammenhängen und daher als System betrachtet werden müssen". Das widerspricht dem technokratischen Paradigma, jedes Problem für sich allein technologisch lösen zu können, ohne auf systemische Zusammenhänge achten zu müssen. Wir brauchen eine neue Leitidee, die zu einem sorgsamen und respektvollen Umgang mit der Natur führt, statt sie zu unserem kurzfristigen Vorteil rücksichtslos auszubeuten. Diese neue Leitidee könnte „Verantwortung für das Ganze" heißen, mit dem Ziel, die Dinge immer im Zusammenhang zu sehen und dementsprechend zu handeln. Statt unsere Umwelt als unendlichen Raum zu betrachten, der uns grenzenlos zur Verfügung steht, könnte diese Leitidee bedeuten, uns als

Teil der Natur zu verstehen, sie zu respektieren und mit ihr im Einklang zu leben. Dabei meine ich nicht, sich ein buntes Stirnband umzubinden und Bäume zu umarmen oder alle Tiere als Brüder und Schwestern zu bezeichnen. Es geht vielmehr um die Erkenntnis, dass wir nur einen Heimatplaneten haben. „Heimatplanet" ist auch der Titel eines großformatigen Bildbandes, der zu meinen Lieblingsbüchern zählt. Die reichlich bebilderte Publikation wurde von der Association of Space Explorers herausgegeben, einer Vereinigung von Astronautinnen und Astronauten, die die Erde mindestens einmal umkreist haben. Die Bilder zeigen die Erde aus der Erdumlaufbahn oder vom Mond aus, es sind wundervolle Aufnahmen unseres Planeten. Die Fotos sind begleitet von persönlichen Eindrücken der Astronautinnen und Astronauten, viele Kommentare sind entrückt und nachdenklich, wie das Zitat des 29-jährigen Astronauten Sultan Bin Salman Al Saud aus Saudi-Arabien, der 1985 mit der Discovery 5 sieben Tage im All verbrachte. „Am ersten Tag deutete jeder auf sein Land. Am dritten oder vierten Tag zeigte jeder auf seinen Kontinent. Ab dem fünften Tag achteten wir nicht mehr auf die Kontinente. Wir sahen nur noch die Erde als den einen, ganzen Planeten." Schwebt man im Weltall und sieht die Erde zum ersten Mal von oben, stellt sich bald die Erkenntnis ein, dass wir nur diesen einen Planeten haben, um unser Leben zu leben. „Menschen, die im Weltraum gewesen sind", schreibt der russische Astronaut Oleg Makarow im Vorwort zum Buch, werde bewusst, dass sie „Erdenbürger" sind, mit „dem Gefühl persönlicher Verantwortung für die Erhaltung des einzigen, gemeinsamen Planeten". Nur auf diesem Planeten ist Leben möglich, ihn unterwerfen und zerstören zu wollen, ist eine aberwitzige Idee. Die Leitidee „Verantwortung für das Ganze" bedeutet, die Kreisläufe der Natur zu akzeptieren und zu bewahren, statt sie aus kurzfristigem Egoismus zu zerstören.

Was das in der Praxis heißt, hat das Wuppertal Institut für Klima, Umwelt und Energie im Jahr 1996 in einer bemerkenswerten Studie dargestellt. Die Auftraggeber waren das Bischöfliche Hilfswerk Misereor und der Umweltverband BUND, die Studie sollte mögliche gesellschaftliche und wirtschaftliche Perspektiven für ein „Zukunftsfähiges Deutschland" aufzeigen, wie der Titel lautete. Mit fast 30.000 verkauften Exemplaren, für eine wissenschaftliche Arbeit eine wirklich hohe Zahl, wurde das 450 Seiten starke Werk als „Bibel für die ökologische Diskussion" bezeichnet. Die Forschungsgruppe hatte die Ergebnisse in acht Leitbilder übersetzt, sie hießen „Gut leben statt viel haben", „Rechtes Maß für Zeit und Raum", „Stadt als Lebensraum" und Ähnliches mehr. „Gut leben statt viel haben" bedeutete, das Glück nicht in der Erfüllung einer stetigen Zunahme der Bedürfnisse zu sehen, sondern in einem zufriedenen Leben, das weniger von materiellem Wohlstand abhing. Das Leitbild drehte sich um langlebige Produkte, regionalen Einkauf, den Wochenendausflug in der Nähe, Carsharing und anderes mehr, was zu einem entschleunigten Leben führt. Beim „Rechten Maß für Zeit und Raum" geht es um die Abkehr von der rastlosen Mobilität unserer Zeit und um neue Ansätze in der Raumplanung, bei der langsamere Geschwindigkeiten und kürzere Distanzen als Fortschritt gesehen werden. Die Zukunftsbilder beschreiben eine Vision, in der „die Jagd nach dem Immer-Schneller und Immer-Mehr ihre Kraft als Statussymbol verliert und von einer zunehmenden Zahl von Menschen belächelt wird, denen Zeitwohlstand wichtiger ist als Güterreichtum“. Die populäre Studie war ein „Stachel im Fleisch der Wachstumsgesellschaft“, wie die Monatszeitschrift *Blätter für deutsche und internationale Politik* schrieb. Wenn gut zu leben nicht bedeutet, in einer Villa in einem noblen Vorort mit Porsche vor der Tür zu wohnen und zweimal im Jahr auf die Malediven zu fliegen, was dann? In den Tiefen unseres Unterbewusstseins kennen wir die Antwort, doch wir erliegen immer wieder der Illusion, dass es uns besser ginge und wir sorgloser wären, hätten wir mehr Reichtum und Besitz. Der Berliner Journalist Alexander von Schönburg führte für das Magazin *Esquire* in den 1980er-Jahren Interviews mit Milliardären, in denen diese Annahme auf amüsante Weise widerlegt wurde. Das Gespräch mit dem Milliardär Adnan Kashoggi fand in seinem Privatflugzeug statt, in einem Hangar am Flughafen London-Heathrow. Während des Interviews parkte nebenan ein weiterer Privatjet ein, ein teureres Modell mit schwarzem Skorpion an der Heckflosse, der Macht und Eleganz ausstrahlte. Kashoggi blickte immer wieder aus dem Fenster und begann das Gespräch aufs Fliegen zu lenken und über verschiedene Flugzeugtypen und die Vorzüge des eigenen Jets zu sprechen, der Vergleich mit dem besseren Flugzeug des Nachbarn wurmte ihn. Der Drang, andere übertrumpfen zu müssen, egal welchen Reichtum man bereits angehäuft habe, sei eine der zuverlässigsten Methoden für ein unglückliches Leben, schreibt dazu Schönburg. Denn in Wahrheit geht es um ganz andere Dinge, die uns glücklich machen.

What makes a good life

Die längste jemals durchgeführte Studie zur Frage, was Menschen glücklich macht, ist die „Harvard Study on Human Development“, die im Jahr 1938 begann. Die

Zielgruppe der Untersuchung waren Studenten aus allen sozialen Schichten, in Hunderten Interviews wurde versucht herauszufinden, welchen Einfluss Stress und unterschiedliche Lebensverhältnisse auf deren Gesundheit und Wohlbefinden hatten. Die auf wenige Jahre angelegte Studie wurde mehrmals verlängert, das Forschungsteam erweiterte sich mit der Zeit um Medizinerinnen, Psychologen, Psychiater, Anthropologinnen und Sozialarbeiterinnen. Insgesamt nahmen 724 Studenten an der Studie teil, sie wurden alle zwei Jahre nach ihrer Arbeit, dem Privatleben und der Gesundheit befragt. „Normalerweise enden solche Erhebungen nach spätestens einem Jahrzehnt, weil viele der Befragten aussteigen, die Geldquellen versiegen oder die Forscher sich anderen Themen zuwenden", so der US-amerikanische Psychiater Robert Waldinger, der die Studie heute leitet. Doch bei dieser Studie war alles anders. Die Erhebung läuft mittlerweile seit 85 Jahren, es ist die nachhaltigste wissenschaftliche Untersuchung von Menschenleben, die es je gegeben hat.

Im Jahr 2016 waren nur noch 60 der 724 Studenten am Leben, die meisten über 90 Jahre alt. Die Forscherinnen und Forscher entschieden daher, die Studie auf die 2000 Kinder und Kindeskinder der Männer auszuweiten. Bereits zehn Jahre davor waren die Frauen in die Erhebung einbezogen worden, was diese mit der Bemerkung „Das wurde aber auch höchste Zeit!" quittierten. Was war nun die Erkenntnis aus dem jahrzehntelangen Studium von Hunderten Menschenleben? Waldinger, der vierte Leiter der Studie, fasste diese 2015 in einem zwölfminütigen TED-Talk „What makes a good life? Lessons from the longest study on happiness" zusammen, den bis heute 25 Millionen Menschen auf YouTube gesehen haben.

Das Publikum hing förmlich an seinen Lippen, als er das Fazit der Untersuchung verkündete. Hatte ein glückliches Leben mit Ruhm und Reichtum zu tun? Oder war es das Ergebnis von Fleiß und harter Arbeit? Waren Selbständige glücklicher als Angestellte? Waren die materiellen Lebensverhältnisse der Menschen ausschlaggebend, ob sie ein glückliches Leben geführt hatten? Waldinger schüttelte den Kopf, als er diese rhetorischen Fragen stellte. Keine der Vermutungen war zutreffend, wie er dem erstaunten Publikum mitteilte. Es war ein anderer Faktor dafür verantwortlich, ob Menschen ein langes und glückliches Leben geführt hatten. Robert Waldinger dazu: „Die klare Botschaft, die wir aus der Studie erhalten haben, ist folgende: Gute Beziehungen halten uns glücklicher und gesünder. Punkt."

Die Studie zeigte, dass jene Menschen ein glückliches Leben geführt hatten, die Familie, Freunde und eine Gemeinschaft hatten, in der sie sich aufgehoben fühlten. Diese Menschen waren zufriedener, gesünder und lebten länger als jene, die weniger gute Beziehungen hatten. Dabei war nicht die Anzahl der Freunde entscheidend, oder ob jemand verheiratet war. Es war die Qualität der Beziehungen, die das Lebensglück bestimmte. Was gute Beziehungen auszeichnet, ist ein gewisses Maß an Aufmerksamkeit und Fürsorge, wie Waldinger betont, ein Interesse an anderen Menschen, statt nur auf sich selbst zu schauen. Man könnte auch sagen, es geht um die „Verantwortung für das Ganze", um die Einbettung in eine Gemeinschaft statt grenzenlosem Egoismus, der ein Hauptmerkmal der Epoche des unendlichen Raums ist. Es geht nicht darum, den Sozialismus oder Ähnliches auszurufen. Das Leitbild soll vielmehr helfen, das bisherige Weltbild zu überwinden und in eine klimaneutrale

Zukunft zu steuern, mit besseren Beziehungen zur Natur und zu anderen Menschen. Das macht nicht nur nachweislich glücklicher, sondern hilft auch, die Klimakrise zu überwinden, in der wir wegen des Festhaltens an alten Paradigmen stecken, die uns keine Richtschnur für die Zukunft bieten.

The House of Change

Mit einem Wandel der Epoche gehen auch gesellschaftliche Umbrüche einher, wie die Zeit der Aufklärung gezeigt hat. Wenn alte Glaubenssätze über Bord geworfen werden, folgt eine Phase der Unsicherheit und fehlenden Kontrolle. Trauer und Verzweiflung können sich einstellen, bevor langsam eine neue Weltsicht an Kontur gewinnt, die Hoffnung und Zuversicht verleiht. Der Psychologe Claes F. Janssen beschreibt diesen Prozess als „House of Change“. Jedes Zimmer spiegelt einen emotionalen Zustand wider, der bei grundlegenden Veränderungen durchlaufen wird.

Das erste Zimmer ist die *Zufriedenheit*, alles nimmt seinen gewohnten Lauf, man hat das Gefühl, das Leben im Griff zu haben. In diesem Zimmer wollen wir bleiben, hier lebt es sich am besten. Kommt es zu unerwarteten Veränderungen, reagieren wir mit Verdrängung, wir sagen „Wir sollten das nicht so ernst nehmen“ oder „Das ist nur Panikmache, das geht vorbei“. Wir kennen diese Haltung.

Die Phase der Verdrängung kann jahrzehntelang dauern, vor allem, wenn sich Veränderungen nur schrittweise einstellen, wie bei der Klimakrise. Werden die Auswirkungen irgendwann unübersehbar, betreten wir widerstrebend den nächsten Raum, das Zimmer der *Ablehnung*. Hier wird die Veränderung zum ersten Mal bewusst wahrgenommen, aber weiterhin geleugnet und infrage gestellt. „Das darf doch nicht wahr sein", hört man oft, „Der Status quo ist viel besser" oder „Das haben wir diesen und jenen Schuldigen zu verdanken". Auf Social Media werden Bilder von brennenden Elektroautos geteilt, es werden Studien über die Klimaschädlichkeit von Holz verbreitet, tote Vögel unter Windrädern gezeigt und Flugzeuge als belanglos fürs Klima betrachtet. Alles, was den Status quo infrage stellt, wird bekämpft. Es werden Anschuldigungen und Vorwürfe erhoben, Empörung macht sich breit, die Stimmung ist von Angst und Wut geprägt. In dieser Phase kann es zu unkontrollierten Gewaltausbrüchen wie bei den Gelbwesten-Protesten in Frankreich kommen. Das ändert nichts an der Klimakrise, hält aber eine Zeitlang davon ab, ins nächste Zimmer zu wechseln.

Bringt die Klimakrise schließlich alles durcheinander, landen wir im Raum der *Verwirrung*. Hier macht sich die Erkenntnis breit, dass es so nicht weitergeht. Den Status quo nicht aufrechterhalten zu können, löst bei vielen Trauer und Verzweiflung aus, in diesem Zimmer ist die Zahl der depressiven Menschen am höchsten. Das Gefühl der fehlenden Kontrolle ist frustrierend, Janssen bezeichnet diese Phase als „das Tal der Tränen". „Wie konnten wir nur in diese Situation geraten", fragen sich viele, es herrscht Ratlosigkeit, „Das Ganze klappt vorne und hinten nicht", hört man. Es ist die Zeit der ständigen Rückschläge, des „trial and error", um aus der Misere herauszukommen. Es ist enttäuschend, wenn man nach einem Jahr veganer Lebensweise feststellt, dass die Fleischproduktion im Land gestiegen ist, statt zu sinken. Man hat mit seinem Verhalten praktisch nichts erreicht. In dieser Phase sehen nur wenige Menschen ein Licht am

Ende des Tunnels, die meisten halten es für den entgegenkommenden Zug.

Ist der Tiefpunkt überwunden, gelangen wir ins letzte Zimmer, den Raum der *Erneuerung*. Die Sicht wird langsam klarer, neue Wege fangen an zu funktionieren, erste Erfolge stellen sich ein. Das Leben im Alltag der klimaneutralen Welt wird schrittweise besser. Auch wenn sich manchmal noch Müdigkeit und Erschöpfung einstellen, nehmen Mut und Zuversicht zu, man hört „Das fängt an, Spaß zu machen" oder „Jetzt sehe ich langsam, wofür es gut war". Man hat wieder das Gefühl, das Heft in der Hand zu haben. Neues wird ausprobiert, Pläne für die Zukunft werden geschmiedet, eine Aufbruchstimmung entsteht. Die Klimakrise ist überwunden, ein neues Zeitalter beginnt.

In welchem Zimmer befindet sich die Gesellschaft heute? Mein Eindruck ist, dass sich heute in allen Zimmern Menschen aufhalten. Die meisten vermutlich im Raum der Zufriedenheit, immer mehr jedoch wechseln zur Ablehnung und stiften Unruhe, um Veränderungen aufzuhalten (was zum Teil den Zulauf zu rechten Parteien erklärt, die versprechen, mit den Veränderungen Schluss zu machen). Janssen meint, für eine wahre Veränderung müssen alle Zimmer durchlaufen werden, man kann keines auslassen. Nach drei Jahrzehnten Beschäftigung mit dem Klimathema habe ich das Gefühl, mich im letzten Raum zu befinden. Es macht Spaß, an einer klimaneutralen Welt zu arbeiten, die uns eine bessere Zukunft bescheren wird. Während im Raum der Ablehnung noch darüber diskutiert wird, ob wir uns eine Abkehr von fossiler Energie leisten können, ist der Kohleverbrauch in Großbritannien auf den niedrigsten Stand seit 1730 gefallen und die Stromerzeugung aus Kohle in Deutschland auf dem Niveau von 1959 angelangt. Im Jahr 2023 wurde erstmals in der Geschichte mehr Geld in die Solarenergie als in die Ölförderung gesteckt, wie die Internationale Energieagentur IEA vorrechnet. „Für jeden Dollar, der in fossile Brennstoffe investiert wird, fließen jetzt 1,7 Dollar in saubere Energie“, berichtet der IEA-Chef Fatih Birol. „Vor fünf Jahren lag das Verhältnis noch bei eins zu eins.“

Man könnte natürlich darüber verzweifeln, dass überhaupt noch Geld in die Erschließung von Ölquellen fließt, wo wir doch in knapp 25 Jahren weltweit klimaneutral und damit fossilfrei sein wollen, wenn es nach dem Klimaabkommen von Paris geht. Doch mit Empörung und Verzweiflung kommen wir nicht weiter, wie uns die letzten Jahrzehnte gelehrt haben. Sinnvoller ist es, eine neue Leitidee in die Welt zu setzen, die dem Handeln eine neue Richtung gibt. Auch diese wird sich nach der ökonomischen Logik richten, allerdings einer anderen, als wir es gewohnt sind. Dabei wird nicht der schnelle Gewinn im Vordergrund stehen, sondern ein gutes Leben innerhalb der sozialen und ökologischen Grenzen. Bringt man die Ökonomie für eine klimaneutrale Zukunft in Form eines Bildes zu Papier, hat sie die Form eines Donuts, wie sich im folgenden Kapitel zeigen wird. Das macht die Ökonomie für eine klimaneutrale Zukunft gleich sympathisch, finde ich.

The possible
has been tried
and failed.
Now it's time to try
the impossible.

SUN RA, JAZZMUSIKER

Wirtschaft neu denken

Ich konnte die Menge von Weitem hören, noch bevor ich sie sah. Polizeiautos kamen näher, dahinter hallten Sprechchöre, Trommeln und Trillerpfeifen. Dann tauchten die ersten Demonstrierenden auf. Die vorderste Reihe trug ein Banner, das über die ganze Straße reichte. Es war ein Demonstrationszug von Tausenden jungen Menschen, die bunte Kartonschilder mit provokanten Sprüchen in die Höhe hielten.

„Wäre die Erde eine Bank, ihr hättet sie längst gerettet!"

„Lässt du immer deine Kinder bezahlen?"

„Save the world and not the money"

„Wer schafft die Arbeit? Fossile (durchgestrichen), Solar-, Photovoltaik-, Wasser-Energie. Merkt euch das endlich!"

Ein Schild zeigte eine große Sprechblase, in der „Die Krise heißt Kapitalismus" stand, ein anderes zwei Menschen, die mit Säcken voller Geld vor einer brennenden Welt stehen und „Läuft doch, geil!" rufen. Es war ein wogendes Meer an Kapitalismuskritik. Die Sprüche waren ein Abgesang auf das bestehende Wirtschaftssystem, das die Jugendlichen dafür verantwortlich machen, dass wir in eine Klimakrise geraten sind. Hatten sie recht mit ihrer Kritik oder war das maßlos übertrieben?

Die Frage „Killt Kapitalismus Klima?“ war auch der Titel einer Konfrontation der Ö1-*Science Arena* im Dezember 2021, zu der die Direktorin des Eco-Austria-Instituts für Wirtschaftsforschung Monika Köppl-Turyna und der Wirtschaftsprofessor Stephan Schulmeister eingeladen waren. Die Ökonomin stellte zu Beginn klar, dass „Kapitalismus nur heißt, dass es ein Preisallokationssystem gibt und einen Markt, mehr ist nicht gemeint“. Der Kapitalismus habe in den letzten 500 Jahren dazu beigetragen, „die Armut zu senken und dafür zu sorgen, dass es den Menschen weltweit so gut geht wie nie zuvor, mehr Menschen gut ausgebildet sind und die Lebenserwartung heute deutlich höher ist“, wie sie erklärte. Kapitalismus habe zu Wohlstand geführt und werde auch mithelfen, die Klimakrise zu überwinden, war die Direktorin überzeugt. Dieses Argument kennen wir seit Jahrzehnten, bislang ohne einen einzigen Beweis dafür. Im Gegenteil, unsere Art zu wirtschaften hat eine Alles-immer-und-sofort-Gesellschaft hervorgebracht, die keine Zurückhaltung kennt und den Planeten bloß als Ressource zur Ausbeutung betrachtet. Stephan Schulmeister konterte, dass der Markt sehr gut darin sei, Angebot und Nachfrage zu regeln. Die Erhaltung unserer Lebensgrundlagen sei bislang nicht seine Aufgabe gewesen: „Wir leben im Kapitalismus, der auf permanente Expansion ausgelegt ist und dem Profitstreben alles unterordnet, was ihm im Weg steht. Das hat uns im Endeffekt in die Klimakrise geführt.“

Den Kapitalismus infrage zu stellen, kommt bei neoliberalen Ökonominnen und Ökonomen wie Köppl-Turyna ganz schlecht an. Sie halten die geäußerten Zweifel für ideologischen Fanatismus, der „sich gegen etwas stellt, was man gar nicht richtig verstanden hat“. Doch Marktkräfte allein haben es bis heute nicht geschafft, den Klimawandel zu stoppen, wie die Klimaaktivistinnen Luisa Neubauer und Alexander Repenning in ihrem Buch „Vom Ende der Klimakrise" schreiben. Erfolge waren immer nur zu verzeichnen, wenn die Politik ins Spiel kam, die dem Markt mit Vorschriften, Steuern und Anreizen eine Richtung gab. Erst die Verordnung von Ökostromtarifen, das Installationsverbot für Ölheizungen im Neubau oder der staatlich festgesetzte Preis für den CO_2-Ausstoß lenkten Investitionen in eine klimafreundliche Richtung. Neoliberale Ökonomen wollen lieber Preisschilder statt Verordnungen sehen, wobei die Preissignale so klein gehalten werden sollen, dass sie kaum steuernd wirken. Erinnern wir uns an den Anfangspreis von 10 Euro je Tonne Treibhausgas in Deutschland, der erst nach massiven Protesten von Klimaforschern und Jugendlichen auf 25 Euro angehoben wurde (was immer noch zu wenig war, wie wir gesehen haben). Neubauer und Repenning nennen diese Haltung Marktfundamentalismus, dem die Überzeugung zugrunde liegt, alles ausschließlich ökonomisch betrachten zu können. Was kostet die Erhaltung der Natur? Ist es billiger, die Klimakrise zu vermeiden oder die Schäden nachher zu beseitigen? Geht das Wohlergehen der Wirtschaft über eine lebenswerte Umwelt? Bei der Demonstration hatten die Jugendlichen eine eindeutige Antwort darauf: „There is no economy on a dead planet!" Zu diesem Schluss kamen auch Berechnungen führender britischer Ökonominnen und Ökonomen im Jahr 2006, was für weltweites Aufsehen sorgte.

Ein Preisschild für das Leben

Wolfgang Ambros ist der bekannteste Vertreter des Austropop, einer Musikrichtung, die in den 1970er-Jahren in Österreich ihren ersten Höhepunkt erreichte. Ich bin mit der Musik aufgewachsen und erinnere mich an amüsante, aber auch tiefgründige Lieder aus dieser Zeit. Wolfgang Ambros nahm sich in seinen Liedern oft gesellschaftlicher Entwicklungen an, wie in der Nummer „a mensch mecht i bleib'n" von 1974 über Geld und seine Macht, über den Wert von allem und jedem zu entscheiden:

„a mensch mecht i bleib'n / und i wü net verkauft werd'n / wie irgend a stückl war' / net alles was an wert hat / muss an preis ham'n / aber mach des amoi wem kloa"

Das Thema des Liedes ist, dass Dingen im Leben nur dann ein Wert beigemessen wird, wenn er in Geld ausgedrückt werden kann. Daher spielen Treibhausgase und Luftverschmutzung in einer Marktwirtschaft keine Rolle, solange sie keinen Preis haben. Die anfallenden Kosten der Umweltschäden werden von der Gesellschaft als Ganzes getragen. Die britische Regierung beauftragte im Jahr 2006 den ehemaligen Chefökonomen der Weltbank Nicholas Stern, diese „externen Kosten" zu berechnen und heutigen Investitionen in Klimaschutz gegenüberzustellen, um die künftigen Kosten zu vermeiden. Nach Monaten der Analyse und Berechnung lag ein 700 Seiten starker Bericht vor, der enorme Wellen schlug. Die Forscherinnen und Forscher hatten herausgefunden, dass es 20-mal billiger war, heute in Maßnahmen zum Klimaschutz zu investieren, als künftige Klimaschäden wie Überflutungen, Hungerkatastrophen, Waldbrände und Epidemien in Kauf zu nehmen. Zum ersten Mal war die Klimakrise rein ökonomisch betrachtet worden, was zur überraschenden Erkenntnis führte, dass selbst in der kapitalistischen Logik kein vernünftiger Grund bestand, beim Klimaschutz länger zuzuwarten.

Mit grünem Wachstum die Welt retten

Der sogenannte Stern-Bericht war die Grundlage des im Jahr 2019 veröffentlichten „Europäischen Green Deal“ der EU-Kommission, der auf Wachstum setzte und Europa bis 2030 zum ersten klimaneutralen Kontinent machen soll. Dafür wurde die gewaltige Summe von 1000 Milliarden Euro locker gemacht, um Klimaschutzmaßnahmen anzustoßen, die Hunderttausende Arbeitsplätze bringen sollen. Die Summe war unvorstellbar, ein Geldstapel aus 500-Euro-Scheinen von 220 Kilometer Höhe. In der Vergangenheit hatte Wirtschaftswachstum immer zu einer Erhöhung des Treibhausgasausstoßes geführt, wie Kritiker des Plans anmerkten. Der Green Deal würde dieses Prinzip durchbrechen, versprach EU-Kommissionspräsidentin Ursula von der Leyen bei der Präsentation: „Der European Green Deal ist unsere neue Wachstumsstrategie und dieses Mal ist es eine Wachstumsstrategie, die nicht verbraucht, sondern mehr zurückgibt, als sie nimmt.“

Das klingt fast zu schön, um wahr zu sein. Damit würde Wirtschaftswachstum von Ressourcenverbrauch und Emissionen entkoppelt, mehr Investitionen würden zu mehr Klimaschutz ohne unerwünschte Nebenwirkungen führen. „Grünes Wachstum suggeriert, dass wir den ganzen Kuchen behalten und gleichzeitig essen können, die Wirtschaft wächst und unser Planet wird trotzdem bewahrt“, zweifeln die Umweltökonomen Oliver Taherzadeh und Benedict Probst in der *Handelszeitung* den Erfolg der Strategie an. In einer Welt des permanenten Wachstums würde selbst nachhaltiger Konsum früher oder später an ökologische Grenzen stoßen, sind sie überzeugt. Das ließe sich nur vermeiden, wenn Konsum in einer klimaneutralen Zukunft heißt, mehr Wert auf die Dinge zu legen, mit denen wir uns umgeben, und sie länger zu nutzen, statt ständig neue Sachen zu kaufen. Ich bin immer noch mit dem alten Fahrrad unterwegs, das mir mein Onkel zum 16. Geburtstag geschenkt hat, was eine ziemliche Weile her ist. Heute ist es ein Oldtimer und zieht erstaunte Blicke auf sich, wenn ich damit unterwegs bin. Doch es fährt wie am ersten Tag und weist eine unglaublich langlebige Qualität auf. Auch meine Stereoanlage hat bald 40 Jahre auf dem Buckel, mit nach wie vor sensationellem Klang (für einen Studenten war sie damals ziemlich teuer, hat sich aber gelohnt). Ich nutze gern Sachen über eine lange Zeit, weniger aus Nostalgie, sondern weil sie meine Bedürfnisse erfüllen, auch viele Jahre nach dem Kauf. In einer nachhaltigen Konsumwelt geht es um eine Art zu wirtschaften, die zufrieden macht und gleichzeitig die Natur schont. Derzeit schaffen wir nämlich nur Ersteres, wie die Statistik zeigt.

Ein glückliches Leben auf Kosten der Umwelt

Es war ein Samstagmorgen im Sommer 2013, als ich einen Anruf von einer sympathischen Frauenstimme erhielt, die mich um eine halbe Stunde Zeit bat, um ihr ein paar Fragen zu beantworten. Normalerweise bin ich bei solchen Anrufen kurz angebunden und lege gleich wieder auf. Diesmal fragte ich nach, worum es gehe, und sie versicherte mir, dass es sich um eine Umfrage der Statistik Austria handle, dem statistischen Amt der Republik Österreich. Ich halte große Stücke auf dieses Amt, das regelmäßig einen in Zahlen gegossenen Blick auf unser Land wirft. Ich sagte zu und bekam etliche Fragen gestellt, die mich an das Erlebnis mit dem Fußabdruckrechner erinnerten. Wieder ging es um die Themen Konsum, Wohnsituation, Mobilität, Einkommen und Gesundheit, das Telefonat erstreckte sich über fast eine Stunde. Am Ende hatte ich so viel von mir preisgegeben, dass es sich fast wie eine Therapiestunde anfühlte.

Zwei Monate später schlug ich die Zeitung auf und fand einen Artikel zum Thema „Hohe Lebenszufriedenheit in Österreich, aber Fortschritt geht zulasten der Umwelt“. Er enthielt die Auswertung aller Antworten, die Leute wie ich der Dame gegeben hatten. Die Erhebung wird einmal im Jahr durchgeführt und zeigt, wie sich materieller Wohlstand, Lebensqualität und die Umweltsituation über längere Zeit verändern. Das Ergebnis der Befragung war, dass sich Haushaltseinkommen und Konsum aus Sicht der Bevölkerung gut entwickelten, auch das Bruttoinlandsprodukt war gestiegen. Der Arbeitsmarkt war stabil geblieben, selbst der Naturschutz erhielt gute Noten. Einzig der nervende LKW-Verkehr und die steigenden Treibhausgasemissionen trübten das Bild. Den Menschen war darüber hinaus aufgefallen, dass die versiegelten Verkehrsflächen und die Verbauung des Landes zunahmen, was den Zusatz im Titel „geht zulasten der Umwelt“ begründete.

Sechs Jahre später (diesmal war ich nicht befragt worden) fand ich erneut einen Artikel in der Zeitung, der die Ergebnisse der aktuellen Befragung präsentierte. Die Schlagzeile lautete „Die größten Probleme im Land liegen im Umweltbereich“, was eine ähnliche Diagnose wie sechs Jahre zuvor war. Wieder wurden Bodenversiegelung und Treibhausgase kritisiert, diesmal kamen der hohe Energieverbrauch und der schleppende Ausbau bei erneuerbarer Energie hinzu. Konsum und Lebenszufriedenheit waren weiter gestiegen, was unterm Strich bedeutete, dass die Menschen „mit ihrem Leben großteils glücklich“ waren, wie die Autorinnen und Autoren der Untersuchung sagten.

Also alles in Ordnung, würde man meinen. Wir führen ein glückliches Leben auf Kosten der Umwelt, die das bislang weitgehend problemlos durchgehen lässt. Doch die Natur braucht Platz zum Überleben, den wir ihr immer mehr nehmen. Heute werden täglich zwölf Fußballfelder an Wiesen und Äckern in Straßen, Parkplätze, Häuser, Einkaufszentren und Gewerbeparks verwandelt. Nur sieben Prozent der Fläche Österreichs sind naturbelassen, der Rest wurde von Menschenhand gestaltet und kultiviert. Die naturbelassenen Flächen sind Rückzugsräume für viele Tierarten, deren Anzahl jedoch schrumpft, weil der Lebensraum kleiner wird. Trotzdem die Natur immer mehr in Bedrängnis gerät, hält sie sich tapfer. Die Frage ist, wann wir das letzte Hölzchen im Jenga-Spiel aus dem Turm ziehen und alles zusammenbricht. Was dann kommt, kann keiner genau sagen. Es wäre klüger, diese Situation zu vermeiden und die Spirale von Wachstum, Ressourcenverbrauch und Emissionen rechtzeitig zu stoppen. Doch wie soll das gehen?

Die Donut-Ökonomie

In den 1960er-Jahren verglich der US-amerikanische Wirtschaftswissenschaftler Kenneth Boulding in einem Essay die Erde mit einem Raumschiff, auf dem es physische Grenzen gibt und deshalb endloses Wachstum unmöglich ist. Er bezeichnete die Wirtschaft als „Cowboy-Ökonomie", die den Planeten rücksichtslos ausbeutet, und schlug als Alternative eine „Raumschiff-Ökonomie" vor, wo es „keine unbegrenzten Reservoirs" gibt und der Mensch „seinen Platz in einem zyklischen Ökosystem" finden muss. Zehn Jahre später entwickelte der französische Intellektuelle André Gorz daraus den Begriff „Degrowth" (auf Französisch „décroissance"), eine Rücknahme des Wachstums als Grundlage für eine ökologische Gesellschaft. Die Idee dümpelte unter alternativen Ökonomen viele Jahre dahin, bis sie bei einer Konferenz im Frühjahr 2002 in Paris neuen Aufschwung erhielt. Die Zusammenkunft war von einem privaten Verein organisiert worden, der sich seit Jahrzehnten mit der Ungerechtigkeit und Umweltzerstörung der kapitalistischen Wirtschaftsweise beschäftigte. Es kamen fast 800 Leute zur Konferenz, in der Hoffnung, neue Wege zu finden, um die vom Kapitalismus gebeutelte Welt zu einem besseren und gerechteren Ort zu machen. Das Konzept der Wachstumsrücknahme fiel bei den Teilnehmerinnen und Teilnehmern auf fruchtbaren Boden. Die Tagung wurde zum Auslöser einer internationalen Degrowth-Bewegung, die sich über Italien, Spanien und England bis nach Australien ausbreitete. Die Italiener nahmen die Idee mit Humor und gründeten 2004 eine „Bewegung für eine fröhliche Schrumpfung" (Movimento per la decrescita felice, MDF), die Genügsamkeit und Selbstversorgung propagierte. Für Maurizio Pallante, eine Schlüsselfigur der Bewegung, war Degrowth „eine sinnvolle und gut begründete Ablehnung des Unnützen und ein Gewinn an Zeit und Lebensfreude". Ab dem Jahr 2008 fanden regelmäßig Degrowth-Konferenzen statt, an denen sich bis zu tausend Wissenschaftlerinnen, Unternehmer und Aktivistinnen einfanden, um darüber zu diskutieren, wie ein gutes Leben in hochentwickelten Industrieländern auch ohne Wachstum möglich wäre.

Die britische Ökonomin Kate Raworth stößt in ihrem Buch „Die Donut-Ökonomie" ins selbe Horn. Sie schreibt, dass man „sich bemühen sollte, eine Wirtschaftsordnung aufzubauen, die das menschliche Wohlergehen fördert, unabhängig davon, ob das Bruttoinlandsprodukt steigt oder fällt“. Sie bricht damit mit der vorherrschenden Meinung, nur dauerhaftes Wachstum sei in der Lage, Wohlstand und Frieden zu sichern. Sinkt das Bruttoinlandsprodukt, bricht Chaos aus, eine Verarmung der Bevölkerung ist die Folge, so die geläufige These. Raworth entwickelte ein Gegenmodell, das andere Faktoren als nur ökonomische in den Mittelpunkt rückt, um gesellschaftlichen Erfolg zu messen. Um diese sichtbar zu machen, zeichnete sie zwei konzentrische Kreise mit einem Loch in der Mitte, was sie an süße, frittierte Donuts erinnerte. „Süße, frittierte Donuts mögen als eine seltsame Metapher für die Ziele der Menschheit erscheinen, doch dieses Bild sprach mir aus der Seele und wurde auch von anderen positiv aufgenommen“, schreibt sie.

Das Modell der Donut-Ökonomie von Raworth ist leicht zu verstehen. Der Donut, also die ringförmige Süßspeise, ist das gesellschaftliche Fundament, auf dem das Wohlergehen der Bevölkerung ruht. Das ist jener Raum, in dem man zufrieden leben und gleichzeitig die Natur bewahren kann. Seine äußere Begrenzung beschreibt die ökologische Decke, die planetaren Grenzen der natürlichen Ressourcen. Schießt man über diese hinaus, sind die Lebensgrundlagen in Gefahr. Im Loch des Donuts wiederum lauern Mangel und Armut.

Eine Forschungsgruppe der Universität Leeds führte im Jahr 2015 eine Studie durch, bei der sie 150 Länder untersuchten, um den jeweiligen Donut für die letzten 20 Jahre zu errechnen. Das Ergebnis ist unter „A Good Life For All Within Planetary Boundaries“ im Internet zu finden: https://goodlife.leeds.ac.uk/national-trends/country-trends. Die Ergebnisse sind beeindruckend – und erschreckend.

Der Vergleich der Donuts soll nicht dazu dienen, einzelne Länder anzuprangern, wie die Forschungsgruppe betont, sondern die Debatte beleben, wie man im Rahmen „der Möglichkeiten des lebendigen Planeten" gut leben kann. Reiche Länder wie Österreich, Deutschland oder die Schweiz werden nie ins Armutszentrum des Donuts gelangen, der Großteil der Bevölkerung lebt auf einem sicheren gesellschaftlichen Fundament. Der Wohlstand geht jedoch zulasten der Umwelt, wie die Balken für den ökologischen Fußabdruck zeigen, Treibhausgasemissionen und Überdüngung des Bodens schießen weit über die planetaren Grenzen hinaus. Der Grund liegt in der Wirtschaftslehre des 20. Jahrhunderts, die auf endloses Wachstum setzt, das keine planetaren Grenzen kennt, so Raworth. In ihrem Buch präsentiert sie sieben neue Denkansätze, die helfen sollen, „wie ein Ökonom des 21. Jahrhunderts zu denken". Der erste Ansatz plädiert dafür, „das Ziel zu verändern", also vom Bruttoinlandsprodukt als Maßzahl für den Wohlstand abzugehen. Das Bruttoinlandsprodukt ist, in Geldwert ausgedrückt, die Summe aller Waren und Dienstleistungen, die innerhalb eines Jahres in einem Land erzeugt werden. Was diese Maßzahl nicht wiedergibt, ist die Verteilung der Einkommen oder die Schädigungen von Umwelt und Klima. Großflächige Aufräumarbeiten nach einem Hochwasser werden als positive Wirtschaftsleistung verbucht, was die Absurdität der Maßzahl zeigt. Kritik am Bruttoinlandsprodukt wird oft als Angriff auf unsere Vorstellung von einem guten Leben gesehen, da es die allgemein anerkannte Messlatte dafür ist. So meint etwa Dirk Raith vom Impulszentrum Zukunftsfähiges Wirtschaften in Graz: „Das Bruttoinlandsprodukt zu kritisieren heißt, die Vorstellungen von Wirtschaft, Wohlstand und Wachstum zu kritisieren, für die es steht."

Diese Kennzahl durch eine andere abzulösen, die das Wohlergehen der Gesellschaft besser abbildet, ist allerdings nicht so einfach. Seit einem halben Jahrhundert suchen Ökonominnen und Ökonomen nach Alternativen, Dirk Raith hat im Dossier „BIP. Kritik und Alternativen" einen beeindruckenden Überblick über Dutzende Ansätze erstellt, an denen weltweit gearbeitet wird. Kate Raworth erzählt, dass Studierende der Wirtschaftswissenschaft noch immer im ersten Semester die simple Darstellung der Wirtschaftskreisläufe lernen, wie sie Professor Paul Samuelson vom Massachusetts Institute of Technology (MIT) in den 1950er-Jahren erfunden hat. Das Bild zeigt den Geldfluss einer Volkswirtschaft anhand eines Wasserkreislaufs, den ständige Investitionen (die Wasserzufuhr) am Laufen halten. Es gibt weder Rohstoffe noch Energie, die dafür benötigt werden, noch die Gesellschaft, in welcher der Kreislauf stattfindet. Das Modell ist eine grobe Vereinfachung der Realität, die nicht zu unserem heutigen vernetzten Denken passt.

Für Raworth ist die Wirtschaft Teil der lebendigen Welt, mit sozialen und ökologischen Grenzen und jeder Menge Beziehungen zwischen den Marktakteurinnen und -akteuren. Das Bild der Beziehungen brachte sie auf die Idee, die Donut-Ökonomie als fiktives Theaterstück auf eine Bühne zu stellen, wo der Markt, Unternehmen, Finanzwirtschaft, Handel und Staat verschiedene Rollen einnehmen. Auch die Macht spielt mit, als einflussreiche und allgegenwärtige Figur, die bei allen Entscheidungen mitmischt. Die Bühne ist die Erde, die die ganze Szene mit Energie und Ressourcen versorgt. Im Gegensatz zur klassischen Ökonomie treten Allmende (gemeinschaftliches Eigentum) und Staat nicht als Statisten oder tragische Figuren auf, sondern sind einflussreiche Größen, die Potenziale freisetzen und das Gemeinwohl fördern. Einzig die Rolle der Finanzwirtschaft fällt enttäuschend aus, jahrzehntelang an die Hauptrolle gewöhnt, muss sie den Diener spielen, der alle anderen mit Essen und Trinken versorgt. Unternehmen und Handel erhalten eine Jugendrolle, sie dürfen innovativ und ungestüm sein, müssen sich aber an die Regeln von Allmende und Staat halten. Der Markt übernimmt die Rolle des Freigeistes, der zwischen allen vermittelt und alle anhört, um zu seinen Entscheidungen zu gelangen. So spannend Raworth das Casting des Ensembles schildert, so enttäuschend ist das Ende der Geschichte, das Stück bleibt ungespielt. Doch im letzten Teil des Buches entwirft sie das Bild einer „Schmetterlings-Wirtschaft", die in Systemen und Kreisläufen denkt und ohne fossile Energie auskommt. Auf dieses Gedankenmodell werden wir noch zurückkommen.

Lasst uns Tabus brechen!

„Wenn wir den nächsten Generationen noch etwas von den schönen Seiten des Planeten hinterlassen wollen, dann müssen wir Tabus brechen und wirklich alles hinterfragen." Diese Aussage stammt nicht von Friends of the Earth oder Greenpeace, sondern aus einem Interview mit Stefan Grafenhorst, dem Nachhaltigkeitsbeauftragten eines oberösterreichischen Kunststoffkonzerns. Der studierte Politikwissenschaftler war zuvor im Deutschen Bundestag und bei einem Arzneimittelverband tätig, als er auf das Jobinserat der Greiner AG stieß. Anfangs hielt er die Aufgabe für eine Mission Impossible, wie er sagt, wie können Kunststoff und Nachhaltigkeit zusammengehen? Doch die Herausforderung reizte ihn, er wollte beweisen, dass man selbst einen Kunststoffhersteller auf den Weg der Nachhaltigkeit bringen kann. Seit Jahren forscht die

Firma an biologisch abbaubaren Verpackungen, im Februar 2023 wurde stolz eine neue Kaffeekapsel aus einem besonderen Polymer vorgestellt, das im Komposthaufen binnen vier Monaten vollständig zerfällt. Doch das wird die Welt nicht retten, weiß auch Grafenhorst, für eine echte Kreislaufwirtschaft braucht es mehr. Jede Minute gelangt eine LKW-Ladung Plastikmüll ins Meer, mit Produkten, die vielleicht aus der Produktion von Greiner stammen. Wir müssen das Ganze grundlegender angehen und „die Systemfrage stellen", ist er überzeugt. Für einen Industriebetrieb mit 12.000 Mitarbeiterinnen und Mitarbeitern und Niederlassungen auf der ganzen Welt eine reichlich ungewöhnliche Einstellung. Denn die Systemfrage geht weit über kompostierbare Kaffeekapseln oder die Wiederverwendung von Kunststoff-Transportboxen hinaus. Was sie bedeuten könnte, hat der kanadische Autor und Futurist Guy Dauncey in seinen „Seven Steps To A Greener Company: From Green Trimmings to a Green Soul" aufgezeigt. Er entwarf eine siebenstufige Skala, an der man erkennen kann, wie ernst es einem Unternehmen mit der Nachhaltigkeit ist. Die Stufen beschreiben die Transformation, die ein Unternehmen durchläuft, wenn es sich konsequent in Richtung Nachhaltigkeit entwickelt.

Die erste Stufe heißt *Green Trimmings*, der englische Begriff für Knöpfe, Aufnäher, Spitzenbesatz, alles, was ein Kleidungsstück interessanter macht. Diese Strategie ist sehr beliebt, sie dient dazu, mit kleinen Innovationen vom eigentlichen Umweltproblem des Unternehmens abzulenken. Ein Beispiel ist der Ölkonzern British Petroleum, der sich vor mehr als 20 Jahren in „beyond petroleum" (jenseits von Erdöl) umbenannte und sich ein neues Logo in Form einer Sonne gab. BP war damals einer der Marktführer bei Solarenergie, was die Glaubwürdigkeit des Strategiewechsels unterstrich. Doch es war nur ein neuer Anstrich, der Konzern zählt bis heute zu den zehn größten Mineralölunternehmen der Welt, mit über 20.000 Tankstellen und einem Umsatz von fast 250 Milliarden US-Dollar, der praktisch allein mit Öl und Gas erwirtschaftet wird. Dazu fällt mir eine Geschichte des Theatermachers Calle Fuhr ein, die er bei den Recherchen zu seinem Klima-Stück FINALE #2 erlebte (in dem Stück komme ich auch vor): „Da stand ich vor einem großen Plakat des Mineralölkonzerns OMV und las, dass an den Tankstellen der Kaffee jetzt in Mehrwegbechern ausgegeben wird, der Umwelt zuliebe. Ich dachte mir: Was?! Nicht die Kaffeebecher sind das Problem, alles andere an eurem Geschäftsmodell ist das Problem und behindert Klimaschutz!“

Die nächste Stufe in Guy Dounceys Modell sind *Green Cuffs*, der Begriff Cuffs bezeichnet Manschettenknöpfe, die die Ärmel vornehmer Herrenhemden zusammenhalten. Mit diesem Begriff sind firmeninterne Maßnahmen gemeint wie Recycling-Klopapier oder Aufkleber auf den Lichtschaltern, die dazu auffordern, bei Verlassen des Raumes das Licht abzudrehen. Solche Maßnahmen erhöhen das Umweltbewusstsein der Belegschaft, haben aber keine nachweisbaren Auswirkungen auf die Umweltbilanz des Unternehmens. Sie lassen sich jedoch gut in Nachhaltigkeitsberichten anführen, weil sie den Eindruck erwecken, etwas Konkretes für den Klimaschutz getan zu haben.

Etwas handfester wird es bei der dritten Stufe, den *Green Clothes*. Damit sind Maßnahmen wie die Reduktion von Abfall und Emissionen in der Produktion, wärmegedämmte Büros oder eine Solaranlage auf dem Dach gemeint. An dieser Stufe arbeitet die Firma Greiner, bis 2030 soll an allen Standorten des Unternehmens klimaneutral produziert werden. Diese Stufe ist bei vielen Unternehmen ein Thema, weil die Energiepreise von Öl und Gas unvorhersehbar geworden sind und erneuerbare Energie im Vergleich dazu immer billiger wird.

Die vierte Stufe der Skala von Dauncey nennt sich *Green Body*, gemeint sind Produkte des Unternehmens, verwendete Materialien und die zugekaufte Energie. Greiner hat sich vorgenommen, ab 2030 nur noch vollständig abbaubaren Kunststoff zu produzieren, damit wäre die Stufe in ein paar Jahren erreicht. Die Emissionen von Materialien und zugekaufter Energie werden künftig in ganz Europa ein Thema sein, der European Green Deal schreibt die Dokumentation der sogenannten Scope-2-Emissionen vor, die sich aus dem Zukauf ergeben. In einigen Jahren müssen die Emissionen dann auch reduziert werden.

Die fünfte Stufe ist *Green Brain*, die kommt der Systemfrage schon näher. Es geht um Investitionen des Unternehmens und in welche Bereiche sie fließen. Der US-amerikanische Klimaaktivist und Autor Bill McKibben brachte 2012 den Begriff Divestment ins Spiel. Pensionsfonds, Universitäten, Regierungen, Glaubensgemeinschaften und Unternehmen haben ihr Geld oft in Fonds angelegt, die mit fossiler Energie zu tun haben. Verkaufen viele davon ihre Anteile, fehlt den Ölkonzernen irgendwann das Geld, um es in Ölbohrtürme, Gasfelder und Raffinerien zu investieren. Bis 2024 hatten weltweit mehr als 1600 Organisationen ihre fossilen Veranlagungen abgestoßen, was den Abzug von 40 Trillionen Dollar aus dem Ölgeschäft bedeutete – ein unfassbar großer Betrag mit 19 Nullen, der da bewegt wurde. Bei Greiner ist das bislang kein Thema, wie dem Nachhaltigkeitsbericht 2023 zu entnehmen ist. Vielleicht auch, weil es solche Veranlagungen der Firma nicht gibt.

Bei den letzten Stufen, *Green Heart* und *Green Soul*, geht es ums Eingemachte, sie behandeln die Eigentumsfrage und Sinnfrage des Unternehmens. Bei Dauncey ist ein wirklich nachhaltiges Unternehmen in den Händen der Belegschaft, es ist als Genossenschaft organisiert, um die Interessen des Kapitals zu demokratisieren. Sitzen Mitarbeiterinnen und Mitarbeiter anstatt klassischer Shareholder im Vorstand oder im Aufsichtsrat, steigt die Wahrscheinlichkeit, dass nicht Gewinnmaximierung um jeden Preis, sondern auch ökologische und soziale Ziele verfolgt werden. Die größte Genossenschaft der Welt ist Mondragón, das siebtgrößte Unternehmen Spaniens. In der Genossenschaft sind 81 unabhängige Kooperativen mit rund 70.000 Beschäftigten vereint, mit einem Jahresumsatz von fast elf Milliarden Euro. Jeder und jede Beschäftigte hat einen Anteil am Unternehmen und ein Mitspracherecht bei der Unternehmensstrategie. Das stellt sicher, dass die Firma auch in schwierigen Zeiten für ihre Mitarbeiterinnen und Mitarbeiter sorgt. In der Finanzkrise 2008 wurden die Beschäftigten von einem internen Solidaritätsfonds gestützt und bei Insolvenz auf andere Kooperativen aufgeteilt, um sie in Beschäftigung zu halten. Während andere Betriebe die Quartalszahlen durch Entlassungen geschönt haben, war Mondragón jahrelang dafür bekannt, in jedem Quartalsbericht stolz auf neue Arbeitsplätze hinzuweisen, die man geschaffen hatte. Bei Mondragón heißt es, das Ziel des Wirtschaftens seien „reiche Gesellschaften, nicht reiche Leute", was der Leitidee der „Verantwortung für das Ganze" nahekommt.

In der Stufe *Green Soul* wird die Sinnfrage gestellt:

Was ist die Aufgabe des Unternehmens in der Gesellschaft? Wie dient es dem Planeten, der Umwelt, der Gemeinschaft und den Kundinnen und Kunden? Bei Mondragón gilt der Kodex, dass Geschäfte zu machen heißt, den Menschen und der Gesellschaft zu dienen, daran sind vom einfachen Arbeiter über die Abteilungsleiterin bis zur Geschäftsführung alle gebunden. Auch in den Chefetagen klassischer Unternehmen stellt sich heute die Frage nach dem „Purpose", dem Sinn, stärker als früher. Hatte der Nobelpreisträger Milton Friedman vor einem halben Jahrhundert noch gemeint, die „einzige soziale Verantwortung" eines Unternehmens bestehe darin, Gewinne zu machen, so spielen heute neben den Interessen der Aktionärinnen und Aktionäre auch jene der Belegschaft, der Kundinnen und Kunden sowie der Umwelt eine Rolle. Einige CEOs haben in den letzten Jahren aufhorchen lassen, wenn sie, wie etwa Siemens-Chef Joe Kaeser, vom „Beitrag des Unternehmens zum Wohlergehen und Fortschritt der Gesellschaft" sprechen. Manche finden diese Aussagen zynisch und halten sie bloß für eine Strategie, unter dem Deckmantel von Menschlichkeit und Klimaschutz noch mehr Geld zu verdienen, weil die Marke dadurch einen höheren gesellschaftlichen Status erlangt. Der „Purpose" der Konzernbosse sei keine Abkehr vom Kapitalismus, warnt auch der Tübinger Ökonom Franz W. Wagner. Die Statements sollen eher den Eindruck erwecken, man habe verstanden, worum es geht, und sei bereit, sich den großen Fragen zu stellen, ohne irgendetwas in Richtung Nachhaltigkeit zu unternehmen.

Wie wird es in Zukunft die Generation nachrückender junger Führungskräfte halten? Die Jugend geht mit einer anderen Grundeinstellung an die Sache heran, wie wir im Kapitel „Die Jugend geht voran" gesehen haben.

Bei der Generation Z steht eine sinnstiftende Tätigkeit ganz oben auf der Agenda, wenn sie sich für einen Job bewirbt, gleichrangig mit guter Bezahlung und einer positiven Arbeitsatmosphäre. Die Ellenbogen-Mentalität der Baby-Boomer-Generation liegt ihnen nicht, sie setzen auf Kooperation und wertschätzendes Miteinander, was auch für ein besseres Klima am Arbeitsplatz sorgt. Damit brechen sie mit einer alten Vorstellung, die in unserer Gesellschaft seit dem Beginn des Abendlandes herrscht. Der „Mensch ist des Menschen Wolf" stellte der englische Philosoph Thomas Hobbes im 17. Jahrhundert fest, als er sich mit den Dauerkonflikten der damaligen Herrscherhäuser beschäftigte. Auch Sigmund Freud meinte 300 Jahre später, dass „wir alle von einer unendlich langen Generationsreihe von Mördern" abstammen. Wer an das Gute im Menschen glaube, sei naiv und weltfremd. Ein wissenschaftliches Experiment an der Stanford University aus dem Jahr 1971 schien diese Tatsache aufs Neue zu bestätigen. Bis es sich eines Tages als gezielte Täuschung erwies, die uns viele Jahre in einem falschen Glauben gehalten hatte.

The survival of the friendliest

Was uns als Menschen besonders macht, ist die soziale Kompetenz, die Fähigkeit, uns auszutauschen und zu kooperieren. Das geht zurück bis zu den Anfängen der Menschheit. Ein Mammut fing man nicht allein, dafür musste man sich zusammentun und Aufgaben verteilen. So konnten unsere Vorfahren Tiere erlegen, die ihnen an Größe und Kraft weit überlegen waren. Diese Kooperationsfähigkeit fehlte den Neandertalern, was einer der Gründe war, warum sie nicht überlebten. Die Neandertaler waren „als Einzelne eine Art Genie", wie Rutger

Bregman in seinem Buch „Im Grunde gut – Eine neue Geschichte der Menschheit“ schreibt, sie lebten in kleinen Gruppen und blieben am liebsten unter sich. Damit konnten sie aber nicht von anderen lernen, sich neue Fertigkeiten abschauen und in größeren Gruppen organisieren, was sie in der unwirtlichen Zeit vor hunderttausend Jahren gebraucht hätten. „Wenn der Neandertaler ein rasend schneller Computer war, dann waren wir ein altmodischer PC – aber mit WLAN“, meint der Historiker. „Wir waren dümmer, aber besser vernetzt.“ Der Homo sapiens hat sich durchgesetzt, weil er eine „soziale Lernmaschine“ war. Von diesen Vorfahren stammen wir ab, das sind die Gene, die wir in uns tragen.

Wenn das unsere Wurzeln sind, woher stammt dann das Bild vom Homo oeconomicus, der aggressiv und egoistisch nur am eigenen Vorteil interessiert ist, wie uns der Kapitalismus lehrt? Die Vorstellung vom Menschen als egoistisches Wesen ohne Gemeinsinn findet sich schon bei Niccolò Machiavelli in seinem Buch „Der Fürst“ aus dem Jahr 1513. Darin stellt er fest, dass man „von den Menschen insgemein sagen kann, dass sie undankbar, wankelmütig, falsch, feig und gewinnsüchtig sind“. Man muss jedoch wissen, dass Machiavelli sich ausschließlich mit der Machteroberung von fremden Städten und Fürstentümern beschäftigte, da er die Gunst der Medici erwerben und ihnen helfen wollte, die vielen Herzogtümer und Königreiche zu einem großen italienischen Reich zu vereinen. Er beschrieb die Reaktion von Menschen in eroberten Gebieten, die sich dem Eroberer gegenüber naturgemäß nicht freundlich und entgegenkommend verhalten, sondern feindselig und abweisend.

Auch der schottische Ökonom und Moralphilosoph Adam Smith wird oft als Quelle für das Bild des Homo oeconomicus zitiert, da er von „einer unsichtbaren Hand" sprach, die den Egoismus jedes Einzelnen zum Wohle der Gemeinschaft in einer Marktwirtschaft zusammenführt. Über Jahrhunderte wurde seine These so verstanden, dass es egoistische, eigennützige Menschen braucht, um Wohlstand für alle zu schaffen. Das Dogma der vergangenen Jahrhunderte lautete: Das egoistische Streben des Einzelnen ist die Triebfeder des Fortschritts, sie bringt Innovationen hervor, schafft Umsatz und Arbeitsplätze und legt die Basis für Wohlstand und Reichtum in der Gesellschaft. Jeder ist seines Glückes Schmied und auf sich gestellt, die Konkurrenz um den persönlichen Vorteil, „the survival of the fittest", hält die Welt in Gang. Doch Smith war keineswegs überzeugt, dass eine staatlich ungeregelte Marktwirtschaft zu Frieden und Gerechtigkeit führt, denn „im Hinblick auf das Produkt von Arbeitskraft in einer großen Gesellschaft gibt es niemals so etwas wie eine faire und gleiche Verteilung". Er war sogar der Ansicht, es sei Aufgabe des Staates, dafür zu sorgen, dass in einer freien Marktwirtschaft keine Armut aufkommt und ein Mindestmaß an Bildung auch für einfache Menschen gesichert ist. Aus heutiger Sicht könnte man Smith fast für einen Sozialdemokraten halten. Er war jedenfalls weit davon entfernt, den Menschen als rücksichtsloses, egoistisches Wesen zu betrachten, den nur das eigene Fortkommen interessiert. In seiner „Theorie der ethischen Gefühle" schreibt er: „Wie egoistisch der Mensch auch sein mag, es gibt offensichtlich einige Prinzipien in seiner Natur, die ihn am Schicksal anderer interessieren und deren Glück für ihn notwendig machen, obwohl er daraus nichts zieht als die Freude, es zu sehen."

Kommen wir zum Experiment an der Stanford University im Jahr 1971. Der Psychologieprofessor Philip

Zimbardo hatte im Keller seines Institutsgebäudes ein Gefängnis einrichten lassen, in das neun junge Männer gebracht wurden, die frühmorgens von der Polizei in Handschellen abgeholt worden waren, um das Ganze möglichst echt wirken zu lassen. Im Keller wurden sie von Studenten in Uniform mit spiegelnden Sonnenbrillen empfangen, die die Wärter spielten. Die These lautete, das Tier im Menschen komme unvermittelt zum Vorschein, wenn er in die Rolle versetzt werde, über andere unkontrolliert Macht auszuüben. Tatsächlich fingen die Wachen an, die Gefangenen mit Schlafmangel und Toilettenverbot zu quälen, diese mussten sich mehrmals nackt ausziehen und wurden in wüstester Weise beschimpft. Nach einer Woche brachen die ersten zusammen, der Wahnsinn an der Universität drang nach außen, das Experiment wurde abgebrochen. Die Öffentlichkeit war schockiert über die rohe menschliche Gewalt, die hier zutage getreten war. Jahrzehntelang galt die Tonaufnahme vom Zusammenbruch eines Gefangenen als ultimativer Beweis für die Grausamkeit, zu der normale Menschen in einer Ausnahmesituation fähig sind. In zahlreichen Interviews hatte Zimbardo bestätigt, das Experiment nicht beeinflusst zu haben, die Reaktionen seien von den Studenten selbst gekommen. Als der französische Soziologe Thibault Le Texier, nebenberuflich im Filmgeschäft tätig, im Jahr 2013 einem TED-Talk Zimbardos lauschte, fand er das eine tolle Geschichte für einen Dokumentarfilm. Er begann in den Archiven der Universität zu recherchieren und grub zahlreiche Dokumente und Aufzeichnungen aus, die dort gelagert waren. Überraschenderweise vermittelten diese ein anderes Bild als jenes, das Zimbardo präsentiert hatte. Die Wärter waren vor Beginn des Experiments angewiesen worden, den Gefangenen ein Gefühl der Frustration zu verschaffen, ihnen Angst einzujagen und sie Machtlosigkeit spüren zu lassen. Sie erhielten Anweisungen, den Gefangenen den Schlaf zu rauben und bekamen Tipps, um sie bei Widerstand mit Liegestützen und Dornen in der Bettdecke zu bestrafen. Die Gefangenen wurden nur mit Nummern angesprochen und in Auseinandersetzungen verwickelt, damit „die Forscher etwas in der Hand haben, womit sie arbeiten können", wie ein Wärter Jahre später erzählte.

Ein Tonbandmitschnitt und Bilder der gepeinigten Studenten gingen um die Welt. Die grausame Natur des Menschen schien glaubhaft belegt. Doch es war ein manipuliertes Experiment, wie Bregman berichtet. Er begann weitere wissenschaftliche Gruppenexperimente zu untersuchen, in denen Menschen binnen weniger Tage zu bösartigen und gewalttätigen Wesen geworden waren. Jedes Mal stieß er auf gezielte Eingriffe, um Zwietracht zwischen den Teilnehmern zu säen und sie gegeneinander aufzubringen. Im Robbers-Cave-Versuch aus dem Jahr 1954, benannt nach dem Park, in dem der Versuch stattfand, wurden zwölf Jungs mit einer anderen Gruppe von Kindern konfrontiert, die ihre Zelte in der Nähe aufgeschlagen hatten. Die Kinder freundeten sich umgehend an. Das war jedoch nicht Sinn des Experiments, die Wissenschaftler griffen ein und organisierten ein Turnier, in dem sich die Gruppen gegeneinander behaupten mussten. Was die Kinder nicht wussten, war, dass die Forscher heimlich die Punktezahl des Spieles manipulierten, um Streitereien vom Zaun zu brechen. Doch die Kinder ließen sich nicht aus der Reserve locken, bald war der Streit vergessen und sie vertrugen sich wieder. Schließlich warf einer der Forscher ein Zelt der Kinder um, in der Hoffnung, sie würden die andere Gruppe zur Rechenschaft ziehen. Wie in Stanford hatte der Versuchsleiter, der Psychologe Muzafer Sherif, die Kinder nicht einfach machen lassen, sondern gezielt Eingriffe getätigt, um Konflikte zu provozieren. Schließlich sollte eine „realistische Konflikttheorie“ in der Realität getestet werden, die ständige Kooperationsbereitschaft der Jungs machte den Forschern das Leben schwer. Die wenigen inszenierten Konflikte gelangten an die Öffentlichkeit und vermittelten das Bild einer aggressiven Abneigung zwischen den Kindern, die die wissenschaftliche These bestätigte.

Warum ist die Vorstellung so beliebt, dass Menschen prinzipiell unfair und aggressiv sind und sofort gewaltsame Konflikte entstehen, wenn nicht von oben ordnend eingegriffen wird? Rutger Bregman vermutet, dass der dauerhafte Konsum von reißerischen Schlagzeilen in den Medien zu diesem deformierten Bild der Wirklichkeit beiträgt. Das erinnert mich an ein Gespräch mit meinem Bruder, der mir erklärte, sich in Wien nicht mehr sicher zu fühlen, da ständig jemand ausgeraubt oder zusammengeschlagen werde. Auch ich lebe in dieser Stadt, die elf Mal in Folge zur lebenswertesten Stadt der Welt gekürt wurde. „Wie kommst du darauf?“, fragte ich stirnrunzelnd. Daraufhin schüttelte er nur den Kopf. „Liest du keine Zeitung?“, meinte er. Die negativen Schlagzeilen vermittelten ein Bild, das zwar der Alltagserfahrung widersprach (er war niemals bedroht worden), aber dennoch seine Wahrnehmung bestimmte.

Im täglichen Umgang verhalten wir uns gänzlich anders, wir halten wildfremden Menschen die Tür auf, helfen ihnen bei schwerem Gepäck oder überlassen Menschen mit Kindern den Sitzplatz, ohne einen persönlichen Vorteil daraus zu ziehen. Nicht Egoismus und das Recht des Stärkeren haben uns in der Menschheitsgeschichte das Überleben gesichert, sondern „the survival of the friendliest“, wie Bregman schreibt. Das zeigte sich schließlich auch im Experiment von Muzafer Sherif: In einem zweiten Teil wurden die Kinder mit einem Problem konfrontiert, das sie nur gemeinsam lösen konnten. Die Forschenden hatten die Wasserleitung unterbrochen, sodass das Camp kein Frischwasser mehr bekam. Die beiden Gruppen machten sich gemeinsam auf, die Ursache des Problems zu finden. Dabei gaben sie die zuvor geschürte Feindschaft auf, beschreibt Sherif in seiner Studie. „Eigentlich ist es ganz einfach“, schildert die Journalistin Ciani-Sophia Hoeder, die das Experiment für eine ARD-Dokumentation durchleuchtete. „Damit Gruppen in Frieden miteinander leben können, hilft ein gemeinsames Ziel. Und das hat Muzafer Sherif in seinem Experiment ausprobiert: ein Ziel, das nur durch Zusammenarbeit erreicht werden konnte.“ Auch die Ökonomin Kate Raworth fordert die Teilnehmerinnen und Teilnehmer ihrer Workshops regelmäßig auf, eine Figur zu zeichnen, die aus ihrer Sicht eine kooperative zukünftige Wirtschaftsweise verkörpert. Als Gegenmodell zeigt sie eine Menschenfigur mit Geldkoffer, über deren Kopf ein Prozentzeichen prangt. Die Figur hat ein großes „Ich“ auf der Brust, sie zeigt „einen vereinzelten Menschen, der stets seinen Nutzen berechnet und unersättlich ist in seinen Wünschen“, wie Raworth erläutert. Die in den Workshops gezeichneten Bilder dagegen zeigen stets „Menschen in der Gemeinschaft, als Sämann, Schnitterin oder Akrobat“, die zueinander in Beziehung stehen und sich gegenseitig stützen.

Die Schmetterlings-Wirtschaft

Im Jahr 1989 besuchte ich einen Freund in München, der

an der Universität der Bundeswehr, am Institut für Interdependenz von Technik und Gesellschaft, studierte. In den Institutsgängen sah ich ein Plakat mit dem Aufbau einer menschlichen Zelle, ein Wirrwarr aus Hunderten Kreisen und Linien, die alle miteinander verbunden waren. Ich verfolgte staunend das Gewirr an Zusammenhängen, als sich eine Tür öffnete und ein älterer Herr mit strubbeligem Haar und wachen Augen das Zimmer betrat. Er bemerkte meinen ratlosen Blick und kam schmunzelnd näher: „Das ist das gesamte Wirkungsgefüge einer einzigen menschlichen Zelle, Hunderte Mitochondrien, Ribosome, Enzyme und so weiter, alles in ständigem Austausch miteinander."

Ich nickte stumm, das musste der Institutsleiter sein, der bekannte Biochemiker Frederic Vester, ein Spezialist für Kybernetik und Systemtheorie. Mein Freund hatte einige Monate in seiner Forschungsgruppe gearbeitet, von ihm kannte ich die Methode, Systeme und ihre dynamischen Eigenschaften auf eine neue Art und Weise sichtbar zu machen. Vester hatte einen Weg gefunden, zu zeigen, was Systeme stärkt und was sie schwächt, was sie starr und flexibel macht und wie sie auf Störungen von außen reagieren. Dabei sind oft Rückkopplungen im Spiel, an die man nicht gedacht hat, die ein System zusammenbrechen lassen können. Man bekommt auf diese Weise ein Gefühl für die Funktionsweise von komplexen Systemen und wie man sie stabil halten kann. Um dieses Wissen auch Laien verständlich zu machen, entwarf er eine Wanderausstellung mit bunten Bildern, Grafiken und Diagrammen, die von 1978 bis 1996 durch ganz Deutschland tourte und von fast einer Million Menschen gesehen wurde. Mit einer Federwaage, Luftballons, Erbsen und Bildern vom Blutkreislauf wurde erklärt, wie nichtlineare Zusammenhänge funktionieren, wie sich positive und negative Rückkopplungen auswirken und warum Zeitverzögerungen im System das Erkennen von Problemen erschweren. Dabei nahm er auch die Wachstumsideologie der klassischen Wirtschaftstheorie aufs Korn, die in einer positiven Rückkopplungsschleife, in der Wirkung und Rückwirkung sich gegenseitig verstärken, gefangen ist. „Wir müssen uns fragen, ob die bisher erfolgreiche Methode der Lösung von Einzelproblemen für die Zukunft hinreichend ist, denn alles hängt miteinander zusammen", betonte Bundespräsident Walter Scheel bei der Ausstellungseröffnung, „keine politische Frage kann mehr als Einzelproblem behandelt werden [...], politische Gesamtbilder zu erarbeiten, scheint mir als die große Aufgabe der Politik am Ende dieses Jahrhunderts." Das ist fast 50 Jahre her, man hat nicht das Gefühl, diese Aufgabe sei bis heute gelöst worden.

Die Ausstellung „Unsere Welt – ein vernetztes System" traf den Nerv der Zeit, die Menschen hatten das Gefühl, dass alles immer komplizierter wird. Im Gästebuch hinterließ jemand die Idee, das Wissen auch als Bilderbuch für Erwachsene herauszugeben, um mehr Breitenwirkung zu erzielen. Vester gefiel der Vorschlag und er begann, „Fenster-Bücher" zu entwerfen, wo Seite für Seite neue Zusammenhänge sichtbar werden. Das erste Buch hatte den Titel „Ein Baum ist mehr als ein Baum", auf dicken Kartonseiten mit kleinen Fenstern wurde die Vernetzung eines Baumes mit seiner natürlichen Umgebung beschrieben. Zu Beginn ist der Baum eine Fotosynthese-Maschine, deren Marktwert in Geld berechnet wird. Die Betrachtung des ökonomischen Nutzens allein führt jedoch auf den Holzweg, wie man im Laufe des Buches erfährt. Die Wurzeln speichern Wasser und versorgen damit Kleintiere, Pilze und Bodenpflanzen rund um den Stamm. Blüten und Früchte bieten Nahrung für Vögel und Insekten. Auf jeder Seite des Buches erkennt man neue Rückkopplungen, die mit Pfeilen und kurzen Texten erklärt werden. Am Ende steht erneut der Baum allein, von dem die Geschichte ausgegangen ist, und darüber die Frage: „Wie denken Sie jetzt über den Baum?“ Das Gehirn hat zu diesem Zeitpunkt bereits neue Synapsen gelegt, um den Baum samt seinen Verflechtungen mit der Umwelt zu erfassen.

In der Wanderausstellung hatte es auch ein überdimensionales Brettspiel gegeben, um die Wechselwirkungen spielerisch klarzumachen. Als Vester 1983 eingeladen wurde, den Infopavillon des bayrischen Umweltministeriums bei der Gartenbauausstellung in München zu gestalten, baute er das Brettspiel in kleinerer Form nach. Bereits im Jahr zuvor hatte der Ravensburger Spieleverlag die Idee, ein Brettspiel für zu Hause daraus zu machen. Vester entwickelte ein interaktives Drehscheibenspiel, das unter dem Namen „Ökolopoly“ auf den Markt kam. In dem Spiel wird am Beispiel einer Stadt der Zusammenhang von Gesellschaft, Wirtschaft und Umwelt simuliert. Ich besorgte das Spiel und war als Bürgermeister der Stadt einen ganzen Nachmittag lang damit beschäftigt, eine Runde nach der anderen Entscheidungen zu treffen und finanzielle Mittel zu verteilen. Über Drehscheiben mit der Aufschrift „Produktion“, „Lebensqualität“, „Sanierung“ und „Aufklärung“ konnte man Aktionspunkte sammeln und verteilen. Nach jeder Runde war der Erfolg am Rad „Politik“ abzulesen, dessen Punktezahl umso höher war, je besser man regiert hatte, was sich wiederum aus dem Zusammenspiel aller anderen Drehscheiben ergab. Wie im richtigen Leben konnte man den

Punktegewinn in die nächste Regierungsperiode mitnehmen und auf verschiedene Bereiche verteilen. Mit der Zeit lernte ich, bei Eingriffen vorsichtig zu agieren und die Auswirkungen aufmerksam zu verfolgen, um das System stabil zu halten, was meine Punktezahl als Politiker erhöhte. Überschießende Maßnahmen wie „Alles auf die Produktion!“ brachten das System rasch zum Kippen, das Ergebnis war ein Sturz der Regierung, was das Ende des Spiels bedeutete. Mein Vater schaffte das binnen weniger Runden, als ich ihm das Brettspiel überließ und er konsequent nur auf Produktion und Sanierung setzte, weil „sich daraus alles andere ergibt“, wie er meinte.

Kate Raworth hat diesem „Tanz der Komplexität“ ein ganzes Buchkapitel gewidmet, da einfache Wirtschaftsmodelle wie der Wasserkreislauf von Samuelson eine simple Wirklichkeit vorgaukeln, die es nicht gibt. Ihr Gegenmodell ist eine „Schmetterlings-Wirtschaft“, in der Material und Energie im Kreis zirkulieren, was an zwei Schmetterlingsflügel erinnert. In dem einen Kreislauf zirkulieren natürliche Materialien, es gibt praktisch keinen Abfall, dieser ist immer Nahrung für den nächsten Prozess, wie in der Natur – wie beim Biomüll, der kompostiert und zu nährstoffreicher Erde zerfällt, in der neue Pflanzen wachsen. Beim anderen Kreislauf zerfallen die Produkte zwar nicht, werden aber immer wieder repariert, solange es geht. Der Waldviertler Schuhfabrikant Heini Staudinger erzählte bei einem Vortrag, dass in seiner Reparaturwerkstatt jedes Jahr mehr als 20.000 Paar Schuhe landen, die von den Mitarbeiterinnen und Mitarbeitern „ein zweites, ein drittes und manchmal auch ein viertes Leben“ geschenkt bekommen, sogar bei „so manchem totgeglaubtem Paar“. In einer Schmetterlings-Wirtschaft wäre es befremdlich, Dinge wegzuwerfen, die noch funktionieren oder leicht zu reparieren sind. Jegliches Handeln ist vom Kreislaufgedanken geprägt, alles zirkuliert möglichst lange im Kreis, dabei fällt kaum noch Müll an. Diese Denkweise folgt dem Prinzip der Natur, die seit Jahrmillionen keinen Abfall kennt, wo immer alles auf irgendeine Weise wiederverwertet wird. In einem Industrieland ist ein Leben ohne Abfall eine Mission Impossible, könnte man sagen, dazu ist der Warenumsatz einfach zu gewaltig. Die US-amerikanische Umweltaktivistin Bea Johnson schaffte es allerdings, den Müll eines ganzen Jahres ihrer gesamten Familie auf das Volumen eines Gurkenglases zu reduzieren. Wie ihr das gelungen ist und wie sie die volle Garage und den überquellenden Kleiderschrank in den Griff bekommen hat, schildert sie in ihrem Buch „Zero Waste Home“. Der Schlüssel dazu ist, sich nur mit Dingen zu umgeben, die einem wirklich wichtig sind. Vom Rest können wir uns getrost verabschieden.

Fünf Schritte zu Zero Waste

Braucht man eine Campingausrüstung, einen Tauchanzug samt Schnorchel, ein Fußballnetz, Angelruten, ein Kajak, einen Fahrradanhänger, eine komplette Teakwondo-Ausrüstung, ein Federballset und ein Paar Boxhandschuhe? Oder kann man auch gut ohne all das leben? Diese Frage stellte sich Bea Johnson, als sie mit ihrer vierköpfigen Familie im Jahr 2008 in ein Haus im Zentrum von San Francisco zog, das nur halb so groß war wie ihr altes Haus am Stadtrand. Nachdem sie beim Umzug alles verstaut hatten, war das neue Haus vollgestopft bis obenhin mit all den Sachen, die sie mitgenommen hatten. Ihr Mann und die Kinder sahen darin kein Problem, doch Bea fand es irgendwie bedrückend. Sie fing an, Bücher über gedankenlosen Konsum zu lesen, über Lebensmittelverschwendung und Öko-Kapitalismus. Liest man solche Bücher, öffnet einem das die Augen, man findet meist aber niemanden, mit dem man darüber reden kann. Oder man gerät in Streit, weil man Tabus und Gewohnheiten infrage stellt. So erging es auch Bea, an manchen Abenden gab es heftige Diskussionen, wenn sie wieder einmal vorschlug, die Familie sollte sich von einem Teil ihres Besitzes trennen. Irgendwann hatte sie das Bedürfnis, die mühevollen Erfahrungen beim Thema Müll mit anderen Menschen zu teilen und startete einen Blog. Dort erzählte sie auf humorvolle Weise, wie es ihr gelungen war, den Hausrat der Familie gegen anfänglichen Widerstand schrittweise zu verringern. Der Blog bekam immer mehr Aufmerksamkeit, nach einiger Zeit wurde sie zu Nachhaltigkeitsveranstaltungen eingeladen, um von ihrem Experiment daheim zu berichten. Als erstes fiel ihr dabei auf, dass die Getränke in Einweg-Plastikbechern serviert wurden. „Vor fünf Jahren hätte ich mich über den Plastikbecher geärgert", schreibt Johnson, „heute genieße ich die Herausforderung, spontan eine Lösung zu finden. Ich nahm eine Vase und einen gebrauchten Plastikbecher und suchte das Badezimmer auf, kurz darauf mischte ich mich glücklich unter die Gäste, mit der Vase als Glas Wein in der einen und einer improvisierten Bechervase in der anderen Hand." Im Jahr 2015 waren sie so weit, dass der gesamte nicht verwertbare Abfall eines Jahres in einem Gurkenglas Platz hatte. Johnson hatte sogar einen Weg gefunden, den übervollen Kleiderschrank auf kreative Weise zu leeren. Sie sortierte ihre Garderobe bis auf 15 Kleidungsstücke aus und zauberte daraus 50 verschiedene Outfits, die sie in ihrem Blog präsentierte. Die Modeschau der Aktivistin mit ihren fantasievollen Kombinationen der wenigen Kleidungsstücke ist beeindruckend, wie man unter https://zerowastehome.blogspot.com/search?q=50+outfits sehen kann.

Die Tipps von Bea Johnson erinnern an die Leitbilder der Studie für ein zukunftsfähiges Deutschland, die ich im Kapitel „Ein neuer Kompass“ beschreibe. Es geht um die Ablehnung von Dingen, die man nicht braucht (Refuse), weniger Besitz von Dingen (Reduce), ihre Wiederverwendung (Reuse), die Reparatur und Wiederverwertung (Recycle) und zuletzt das Ziel, Dinge nur aus Materialien zu fertigen, die verrotten (Rot). Das ist der Weg zur absoluten Müllreduktion, Zero Waste.

Gleich das erste Prinzip, die Ablehnung von Dingen, sei das Schwerste, sagt Johnson. „Die Leute erzählen mir gerne, dass sie erst vor Kurzem etwas genutzt haben, das 20 Jahre lang in der Garage aufbewahrt war, und meinen: ‚Siehst du, Bea, es hat sich gelohnt, es all die Jahre aufzuheben!‘“

Dafür nehmen sie die Kosten für ein größeres Haus oder eine größere Garage in Kauf, manche mieten sogar ein Lager, um nicht benötigte Dinge unterzubringen, wie Johnson meint. Ich nahm vor Jahren an einem Workshop teil, in dem es darum ging herauszufinden, was man im Leben wirklich braucht. Das Thema war, wie wir mit Geld und Dingen umgehen und dass wir ständig Sachen horten, die Platz in unserer Wohnung brauchen, uns aber sonst nicht weiterbringen. In dem Workshop gab es eine praktische Übung, die wirklich heftig war und das Prinzip eindringlich vor Augen führte. Ich erzähle die Übung hier zugleich als Ermutigung und als Warnung, sie daheim auszuprobieren. Das Ergebnis kann einen ein wenig aus der Bahn werfen. Die Übung ging so: „Nehmen Sie Zettel und Stift zur Hand und stellen Sie sich vor den geschlossenen Kleiderschrank. Schreiben Sie alles auf, was darin zu finden ist. Lassen Sie sich Zeit, um sich wirklich an alle Kleidungsstücke zu erinnern, bis zur letzten Unterhose. Dann folgt der Moment der Wahrheit. Öffnen Sie den Schrank und räumen Sie alles aus, was nicht auf der Liste steht. Dann werfen Sie einen letzten Blick auf den Stapel, schütteln den Kopf – und ab damit in den Mülleimer (oder zur Kleidersammlung)."

Die Idee der Übung ist es, uns bewusst zu machen, wie viele Dinge wir besitzen, ohne es zu wissen. Diese tragen nicht zu unserem Wohlbefinden bei, sondern verstellen die Sicht auf jene Stücke, die uns lieb und teuer sind. Eine ähnliche Übung gab es für das Bücherregal, man lässt den Blick über die Buchrücken schweifen und zieht einzelne Bücher heraus, um sie auf einem Stapel abzulegen. Man beginnt bei Büchern, bei denen das leicht geht und macht so lange weiter, bis es schmerzt und man kein einziges Buch mehr findet, von dem man sich trennen möchte. Als Bücherwurm fand ich diese Übung aberwitzig. Daheim angekommen ging ich tapfer zum Regal, in der Absicht, so lange Bücher herauszuziehen, bis es nicht mehr ging und ich die Übung abbrechen musste. In der festen Überzeugung, dass dies nach spätestens zwei Bänden der Fall sein würde, griff ich beherzt zu und zog ein Buch nach dem anderen heraus, zu denen ich keinen besonderen Bezug hatte, und legte sie auf den Stapel. Nach etwa zehn Minuten fing die Sache an, ungemütlich zu werden, und ich fand, dass es langsam reichte. Als ich zu Boden blickte, lag da ein Bücherstapel von einem halben Meter Höhe. Damit hätte ich nie im Leben gerechnet. Im Workshop wurde geraten, den Stapel einige Tage liegen zu lassen und die Bücher dann wieder zurück ins Regal zu stellen – oder zu entsorgen, zum Beispiel in einem öffentlichen Bücherschrank auf der Straße, die gibt es mittlerweile an vielen Orten. Nachdem ich den Stapel eine Woche neben dem Regal ruhen gelassen hatte, stellte ich fest, dass er mich zu nerven begann. Überraschenderweise hatte ich nicht das Bedürfnis, die Bücher wieder zurückzustellen. Im Gegenteil, ich packte sie in eine Kiste und fuhr zum Flohmarkt, wo ich sie einem erstaunten Buchhändler schenkte, der dort einen Stand hatte.

Die Übungen des Workshops haben mich nachhaltig beeindruckt und sind zu einer Gewohnheit geworden, ich mache sie regelmäßig. Das ist weniger radikal, als man meinen könnte. Es hat mir geholfen, eine gewisse Distanz zu Dingen zu entwickeln, die mich umgeben, und mir bewusst zu machen, woran ich wirklich hänge.

Do the green thing

Bea Johnson vermittelt klimafreundliches Verhalten auf kreative und humorvolle Weise. Sie appelliert nicht an die Vernunft oder belehrt, sondern lässt uns in Anekdoten daran teilhaben, wie sie sich der Wegwerfgesellschaft entzieht. Diesen Ansatz verfolgte auch eine Gruppe junger Grafiker, Designerinnen und Künstler in London, die im Jahr 2013 eine Plakatserie entwarfen, die Klimaschutz nicht als Pflichtübung, sondern als lustvolles Erleben präsentierte. Sie wollten mit ihrer Arbeit die „Earth Hour" unterstützen, die jedes Jahr vom WWF gegen die weltweite Energieverschwendung organisiert wird. Bei der „Earth Hour" wird an bekannten Bauwerken und Denkmälern auf der ganzen Welt abends für eine Stunde das Licht abgedreht, die vertrauten Objekte bleiben im Dunkeln. Die Designer und Künstlerinnen wählten sieben Verhaltensweisen aus, die typisch für einen klimafreundlichen Lebenswandel sind, zu jeder gestalteten sie ein amüsantes Plakat samt Begleittext auf der Rückseite.

Das erste Plakat passte zu meiner Erfahrung im Workshop, es hieß „Stick with what you got“ (Sei zufrieden mit dem, was du hast). Im Text zum Plakat plädierten sie dafür, nichts zu kaufen, was man nicht unbedingt braucht: „Buy nothing: it's compact, lightweight and easy to carry, incredibly durable, fits into your briefcase and coordinates with everything in your wardrobe!“

Da war er wieder, der Kleiderschrank, der Hort des Überflusses in fast allen Haushalten. Ein weiteres Plakat lautete „All Consuming“ (Nutze die Dinge, solange sie funktionieren). Viele Ressourcen werden allein dadurch verschwendet, dass unbeschädigte Kleidung, Handys oder Möbel nur deshalb ausgemustert werden, weil sie nicht mehr dem neuesten Trend entsprechen. Mehr Wohlstand heißt mehr Abfall, scheint ein ungeschriebenes Gesetz zu lauten. Jedes Jahr werden laut einer Weltbank-Studie über zwei Milliarden Tonnen Hausmüll weltweit entsorgt, die Menschen schmeißen täglich Müll mit einem Gewicht von fast hundert Eiffeltürmen weg, eine unvorstellbare Menge.

Andere Plakate wie „Stay Grounded“ (Bleib am Boden) oder „Walk the Walk“ (Geh zu Fuß) forderten auf, sich jeden Flug zweimal zu überlegen und im Alltag mehr zu Fuß zu gehen. Hier der Plakattext zu „Walk the Walk“: „Walking is a really easy choice: we are made to walk, we've evolved to walk, even our minds work better when we walk, it is a pure meditative space, and when you walk you actually get somewhere, so forget the gym, just walk – and oh, you save the planet, too.“

Der Slogan „Easy on the meat“ (Iss weniger Fleisch) stellte den übermäßigen Fleischkonsum infrage, der für ein Fünftel aller Treibhausgase verantwortlich ist. Viele Vorschläge waren einfach umzusetzen, wie „Plug out“

(Zieh den Stecker), das heißt Ladegeräte nach Gebrauch abstecken und Geräte abdrehen statt im Stand-by-Modus laufen zu lassen. Mein Lieblingsplakat war „Human heat“ (Mehr kuscheln). Dabei regten sie an, sich im Winter öfter aneinander zu schmiegen, statt die Heizung höher zu drehen, um es warm zu haben.

Die Plakatserie „Do the green thing“ brachte zum Schmunzeln und machte Lust auf Klimaschutz, mehr als es jede Broschüre vermocht hätte. Es ist schön, sich mit Dingen zu umgeben, zu denen man einen emotionalen Bezug hat. Sind sie einmal kaputt, lässt man sie reparieren und freut sich, wenn sie wieder funktionieren wie früher. Mein Vater würde sagen, dass „die Wirtschaft mit dieser Einstellung zum Stillstand kommt, wer soll da noch was produzieren“. Doch sein Ansatz „alles auf die Produktion“ hatte bei Ökolopoly mehrmals zum Sturz der Regierung geführt, dem war nicht zu trauen. In einer Kreislaufwirtschaft sind unzählige Reparaturwerkstätten und Technikerinnen gefragt, um gebrauchte Dinge in Schuss zu halten. Gutes Design heißt nicht nur, „die Fantasie anzuregen und dem Produkt einen Sinn zu geben“, wie der italienische Designer Ettore Sottsass sagt, sondern auch Reparierbarkeit und Wiederverwendung einfacher zu machen. Wer beim Entwurf auf lösbare Verbindungen, standardisierte Bauteile, langlebige Materialien und die Möglichkeit für Upgrades achtet, schafft Produkte, die viele Jahre lang Spaß bereiten und erst spät auf der Müllhalde landen.

Solche Teile würden sich die Schweizer Architektinnen Laia Sofia Meier und Pascal Hentschel wünschen, die in alten Gebäuden nach Materialien suchen, die sie in Neubauprojekten wiederverwenden können. Die beiden stöbern mit Vorliebe in Abbruchhäusern nach alten

Verkleidungen, Geländern, Treppen und Ähnlichem, die sie „zu schön und hochwertig“ finden, um weggeworfen zu werden. Manchmal steigen sie auf die Dachterrasse eines Abbruchhauses und finden dort dunkel gebeizte Sonnenlamellen, in denen sie die Holztreppe für einen Neubau erkennen, nach der sie gesucht hatten. Hentschel vergleicht den Gestaltungsprozess mit der Zubereitung eines Gerichts, wo „man etwas kochen will, vorm Kühlschrank steht und nicht genau weiß, was man darin findet, spontan ein paar Sachen herausnimmt und denkt, das verkoche ich jetzt. Da kommen oft die besten Gerichte heraus“, erzählt er in einer ARD-Doku. Sie nennen sich die „Bauteiljäger“ und lassen sich von dem leiten, was sie vorfinden, fast ein künstlerischer Akt, bei dem man auch nie weiß, was am Ende herauskommt. Da werden alte Bücher, Zeitungen oder Dachziegel zu Trennwänden gestapelt, die neuen Räumen eine interessante Note geben. Meier und Hentschel verleihen alten, noch brauchbaren Teilen ein neues Leben, nach dem Prinzip des „Reuse“, die Philosophie steckt auch im Namen ihres Architekturbüros, das sie „in situ“ („vor Ort“) genannt haben.

Auch für den Wiener Abfallexperten Markus Meissner sind Abbruchgebäude wahre „PopUp Stores“. Dort findet er jede Menge Bauteile, die auf ein zweites Leben warten. Oft geht es dabei um beachtliche Mengen, wie das Beispiel eines Energieversorgers zeigt, dessen Zentrale abgebrochen wurde, um einem Neubau Platz zu machen. Meissner durchkämmte das Gebäude vor dem Abbruch und fand 140 Tonnen Material, die sich auf kreative Weise wiederverwenden ließen. Darunter auch die Kabinen eines Paternosteraufzugs, die er fein säuberlich zerlegte und abtransportierte. „Die Liste an verwendbaren Materialien aus Abbruchhäusern ist fast unendlich“, sagt

Meissner, sie reicht von Parkettböden über Fenster und Türen bis zu Waschbecken, Lampen und Akustikdecken. Fast alles lässt sich in einem Neubau auf irgendeine Weise verwenden, ist er überzeugt, dafür braucht es Instinkt und Kreativität und die Lust an der Kreislaufwirtschaft, wie sie „in situ" und Meissner verkörpern.

Wir sind dem Wachstumszwang und der Wegwerfmentalität nicht wehrlos ausgeliefert, wie man sieht. Es gibt zahlreiche Ideen, wie wir die Welt anders gestalten können, um ein lustvolles Leben ohne sinnlose Verschwendung und Naturzerstörung zu führen. Wenn wir uns dabei nicht nur von Geld, sondern von Instinkt und Gefühl leiten lassen, kann eine klimaneutrale Zukunft schneller Wirklichkeit werden, als man glaubt.

They had seen that change was possible and they had hope.

GUY DAUNCEY

Packen wir's an!

Zur Eröffnung des neuen Firmenstandorts in Salzburg hatte sich Andreas Kröll etwas Besonderes einfallen lassen. Auf einem Transparent mit stilisierten Hirschköpfen, dem Logo der Firma, standen fünf Begriffe in Großbuchstaben, vier davon durchgestrichen. Die Mitarbeiterinnen und Mitarbeiter trugen T-Shirts mit denselben Begriffen. Die durchgestrichenen Begriffe lauteten: SOLLTE, HÄTTE, KÖNNTE und WÜRDE. Der letzte hieß MACHEN und war mit einem Rufzeichen versehen. Das ist das Motto der beiden Möbeltischler Andreas Kröll und Lorenz Winkel, die aus Holz, Naturstein, Glas und Stahl kreative Interieurs und Möbel zimmern. Im Jahr 2014 stand die Entscheidung für ein neues Firmengebäude an, wobei von Anfang an klar war, dass eine fossile Heizung nicht infrage kam. Sie wollten „in der obersten Liga mitspielen und nicht im Mainstream", wie sich Winkel erinnert. Das betraf nicht nur die Herstellung exquisiter Inneneinrichtungen, sondern auch die Energieversorgung im Betrieb. Sie fanden einen Haustechnikplaner, der ihnen versprach, die Heizkosten über Jahrzehnte fast auf null zu senken, wenn sie konsequent und mutig auf die Sonne setzten. Das gefiel ihnen und sie beauftragten Harald Kuster mit der Umsetzung. Das Konzept sah ein Gebäude vor, das vier Fünftel des gesamten Heizbedarfs und fast den kompletten Strombedarf übers Jahr mit der Sonne deckte. Dabei waren nicht nur Idealismus und Mut im Spiel, wie Kröll betont: „Neben der Nachhaltigkeit war natürlich die Wirtschaftlichkeit ausschlaggebend, durch die Solaranlage haben wir fast das ganze Jahr über keine Energiekosten mehr, das verschafft uns einen Vorteil gegenüber der Konkurrenz."

In der Möbelmanufaktur Kröll & Winkel ist man gewohnt, bei Problemen „immer eine Lösung zu finden und alles von A bis Z selbst zu machen". Bei der Errichtung des Gebäudes übernahmen sie vieles in Eigenregie, was die Kosten senkte. Die ungewöhnliche Heizung mit Sonnenkollektoren an der Fassade und einer Bauteilaktivierung, die die Wärme im ganzen Gebäude verteilt, war eine mutige Entscheidung, es gab dafür kaum Referenzen. Man hätte lange das Für und Wider diskutieren können, bei wirtschaftlichen Entscheidungen ist das oft der Fall, doch die Eigentümer beschlossen, „einfach zu machen", wie Kröll sagt. Das erinnert mich an einen Bildschirmschoner, den ich jahrelang am Computer hatte und der mir täglich vor Augen führte, was der Antrieb meiner Arbeit war: „Wir warten nicht auf die Zukunft, wir arbeiten daran."

Eine ähnliche Erfahrung machte die Unternehmerin Evelyn Deutsch-Grasl, als sie im Jahr 2016 vor der Entscheidung für ein neues Firmengebäude im kleinen Ort Lechaschau an der bayrischen Grenze stand. Sollte sie ein herkömmliches Gebäude errichten oder auf Klimaschutz setzen, was machte mehr Sinn? Sie brauchte ein Haus mit großem Shop, Lager und Büros, und da sie mit Naturkosmetik handelte, sollte es Wohlbefinden ausstrahlen. Sie kontaktierte einen Fachplaner, der ihr vorrechnete, dass ein vollständig klimafreundliches Gebäude mit allen Förderungen nur fünf Prozent mehr kosten würde als eines mit weniger Dämmung und fossiler Heizung. Damit war klar, dass nur die klimafreundliche Variante infrage kam, schon allein aus wirtschaftlichen Gründen. „Es ist ein gutes Gefühl, wenn dich die Energiepreise nicht interessieren müssen und du aktiv Klimaschutz betreibst", meint die Firmenchefin. Eine große Solaranlage auf dem Dach liefert drei Viertel der Heizenergie und deckt den gesamten Strombedarf. Damit spart sich das Unternehmen allein beim Heizen jährlich 24.000 Kilowattstunden, was Deutsch-Grasl in Zeiten galoppierender Energiepreise ein Lächeln abringt. Auf dem Parkplatz wurden zwei Ladesäulen aufgestellt, die die Kunden nutzen, um ihre Elektroautos aufzuladen. Kataloge und Folder werden seit Jahren auf Recyclingpapier gedruckt, mit Druckfarben auf Pflanzenölbasis. Bei einem Unternehmen, das mit Naturprodukten handelt, sind solche Maßnahmen naheliegend, möchte man meinen. Doch wie ist das in anderen Branchen, zum Beispiel bei Betonfertigteilen? Da ist der ökologische Anspruch sicher schwieriger zu erfüllen. Die ökonomischen Gesetze sind allerdings die gleichen, wie ein Betonwerk in Oberösterreich zeigt, was der Nachhaltigkeit in die Hände spielt.

Zur Einweihung der neuen Hallen waren über tausend Gäste gekommen, sie hatten gehört, das energieintensive Betonwerk der Firma HABAU wolle die nächsten Jahrzehnte nahezu ohne Energiekosten auskommen, ein praktisch unmögliches Unterfangen. Im Jahr 2014 war eine Erneuerung der Produktionshallen fällig, die Architektin Irene Hauer-Karl bekam den Auftrag für die Neugestaltung. Bei einem Vortrag lernte sie zufällig den bereits erwähnten Planer Harald Kuster kennen, der von Gebäuden berichtete, die das ganze Jahr über zur Gänze mit der Sonne beheizt werden. Sie fand die Idee faszinierend und schlug dem Vorstand vor, sich das einmal anzuhören. Der lauschte skeptisch den Ausführungen, vier Produktionshallen mit 7700 Quadratmetern ohne klassischen Heizkessel, das gab es nirgendwo in Europa. Es brauchte mehrere Sitzungen, bis die Überzeugung reifte, dass an der Idee etwas dran war. Am Ende entschied sich der Vorstand, die üblichen Konzepte über Bord zu werfen und darauf zu vertrauen, dass die Sonne stark genug war, um Dutzende Gas-Heizstrahler zu ersetzen, die bislang für die nötige Wärme gesorgt hatten. Womit niemand gerechnet hatte, war, dass die solare Lösung neben ökonomischen Vorteilen auch positive Auswirkungen aufs Arbeitsklima hatte, wie sich der ehemalige technische Leiter Anton Karner erinnert. Bei einer Betriebsführung erzählte er: „Früher hatten die Arbeiter ein Lagerfeuer-Feeling, die Betonteile vor ihnen am Förderband wurden mit Gasstrahlern erwärmt, dafür lief es ihnen hinten kalt über den Rücken, die Leute waren öfter krank. Heute sind die Produktionshallen gleichmäßig warm, die Arbeitsbedingungen haben sich verbessert, alle wollen nur mehr in den neuen Hallen arbeiten."

Die Energie der Sonne ersetzt mehr als 70.000 Kubikmeter Gas pro Jahr und 200 Tonnen Treibhausgase, man müsste 14.000 Bäume pflanzen, um denselben Klimaeffekt zu erzielen. Betonwerke zählen zur energieintensiven Industrie, von der es heißt, sie werde die letzte sein, die das fossile Zeitalter verlässt, weil vernünftige Alternativen fehlen. Das Beispiel HABAU zeigt, dass diese Einstellung einen Mangel an Fantasie und Vorstellungskraft offenbart. Rund 45 Kilometer westlich von HABAU gibt es ein zweites Betonwerk eines Mitbewerbers, das ebenfalls klimaneutral produziert. Die Energie für die Fertigungsstraße und die Aushärtung der Betonteile wird durch Sonne und Holz bereitgestellt.

Beim Ausbau der Konzernzentrale der HABAU Group in Perg im Jahr 2024 war es bereits normal, dass sie fossilfrei geheizt wird, mit Holz, Wärmepumpen und einer Photovoltaikanlage am Dach, die fast den gesamten Strombedarf deckt. Haben erfolgreiche Industriebetriebe einmal den Weg zur Klimaneutralität eingeschlagen, gibt es bei Investitionen und Konzernentscheidungen meist nur mehr eine Richtung, jene zu mehr Klimaschutz.

So ist es auch bei der Firma Trotec in Marchtrenk, die für ihre Trodat-Stempel bekannt ist. Trotec ist eine Null-Energie-Fabrik mit 5200 Quadratmeter Büro, Produktion und Lager. Die Entscheidung für eine weitgehend energieunabhängige Fabrik war 2013 gefallen, als noch wenige Betriebe an eine unsichere Energiezukunft dachten. Die Planer Peter Hintersteininger und Fatih Ceylan hatten den Blick aber in die Zukunft gerichtet, denn „was heute Standard ist, ist in zehn Jahren überholt", waren sie überzeugt. Sie wollten eine Fabrik errichten, die auch in 20 Jahren noch dem Stand der Technik entsprach. Damit schieden fossile Energieträger wie Öl und Gas aus, deren Zeit dann vermutlich abgelaufen sein würde. Das sechs Millionen Euro teure Werk wird mit Solarwärme und Wärmepumpen geheizt, die Photovoltaikanlage deckt einen Teil des Strombedarfs. Die Errichtungskosten lagen mit allen Förderungen nur geringfügig über denen eines herkömmlichen Gebäudes mit weniger Dämmung und einer Gasheizung.

Oft wird davor gewarnt, den Unternehmen zu viel Klimaschutz zuzumuten, da sie ihre Produktion sonst ins Ausland verlagern, wo Klima weniger ein Thema ist. Bei derartigen Warnungen von konservativer Seite kann der CEO von Trotec, Peter Kratky, nur den Kopf schütteln, die fossilfreie Versorgung ist auch an ausländischen Standorten mittlerweile Standard. In Rumänien verblüffte Trotec die Behörden, als sie bei der Errichtung eines neuen Werks die Gasleitung ablehnten, die vom Energieversorger automatisch angeboten worden war. „Alle Werke im Ausland werden nach denselben Standards wie in Österreich errichtet", erklärte mir der Technikchef Werner Mayr am Rande eines Firmenbesuchs. „Auch bei den Produkten geht es in Richtung Klimaschutz, es ist für uns undenkbar geworden, dass die nächsten Stempel weniger klimafreundlich sind als die Modelle davor." Das Unternehmen ist damit auf der vierten von sieben Stufen für ein nachhaltiges Unternehmen angelangt, wie Guy Dauncey sagen würde, der Stufe des „Green Body".

Mit Emotionen überzeugen

Wirtschaftliche Entscheidungen werden auf Basis der Vernunft getroffen, die wichtigste Instanz, um Investitionen zu begründen. Doch was wir als vernünftig ansehen, kann sich mit der Zeit ändern, im Extremfall sogar ins Gegenteil verkehren. Als eine Windkraftfirma im Jahr 2019 dem Friesacher Bürgermeister Josef Kronlechner die Idee unterbreitete, auf den Hügeln rund um die Stadt einige Windräder aufzustellen, schüttelte er nur den Kopf. Die Stadt Friesach in Kärnten ist weit über die Grenzen bekannt für ihre mittelalterliche Vergangenheit. Jedes Jahr findet ein großes Mittelalterfest statt, zu dem Tausende Menschen von weither kommen, um als Ritter, Knappen und Minnesänger verkleidet zwei Tage lang die Stadt zu bevölkern. Als beeindruckende Kulisse dient die 800 Meter lange, vollständig erhaltene Stadtmauer samt Wassergraben und Bäckertauche (in dem Käfig wurden

Bäcker früher ins Wasser getaucht, wenn ihre Brote zu klein waren). Ich habe die Stadt schon öfter besucht, sie hat ein einzigartiges historisches Flair. Zu dieser mittelalterlichen Idylle passt kein Windpark, teilte Kronlechner der Windradfirma mit. Doch diese ließ nicht locker und lud ihn samt einigen Stadträten und Vertretern des lokalen Energieversorgers ein, den 50 Kilometer entfernten Windpark in Oberzeiring zu besuchen, auf 1900 Meter das höchstgelegene Windkraftwerk Europas. Die 60 Meter hohen Türme sind kilometerweit zu sehen, 14 Turbinen reihen sich über eine Strecke von 2,5 Kilometer entlang des Bergkamms. Der Windpark produziert 70 Mal mehr Strom, als die Menschen in Oberzeiring benötigen, er wird in der ganzen Region mit 70.000 Einwohnerinnen und Einwohnern verteilt. Der Tauernwindpark ist zu einer touristischen Attraktion geworden, das ganze Jahr über kommen Wanderer und Radfahrerinnen auf den Berg, um die mächtigen Rotoren aus der Nähe zu sehen.

Auch die Gruppe aus Friesach stieg auf den Bergrücken und verbrachte über eine Stunde zwischen den Windrädern. Sie wurden vom Mühlenwart begleitet, der bei einem der Türme haltmachte und eine mannshohe Luke öffnete, durch die man ins Innere gelangte. „Drinnen war es laut und eng", erinnert sich der Bürgermeister. Aus dem dunklen Schacht über ihm kamen grollende Geräusche, die von den glatten Wänden widerhallten. Inmitten des Lärms wandte er sich zum Mühlenwart: „Was ist eigentlich so toll an diesen Windrädern?" Dieser setzte ein Lächeln auf und erwiderte: „Windkraft ist einfach klasse!" Das war keine technische Erklärung, kein ökonomisches Argument, kein Appell an die Vernunft oder den Klimaschutz. Es war wie bei zwei Männern, die vor einem schicken Sportwagen stehen, den sich einer der beiden gekauft hat, und der andere fragt: „Na, wie ist er so?" Die Antwort lautet vermutlich: „Einfach klasse!" Keiner würde mit Hubraum, Beschleunigung, Spritverbrauch oder den Anschaffungskosten argumentieren, um seine Begeisterung auszudrücken. Die emotionale Antwort ist am überzeugendsten, wie die Erfahrung lehrt. So erging es auch Kronlechner, wie er erzählt. Zurück in Friesach lud er den verblüfften Energieversorger ein, ihm einen neuen Vorschlag für den Windpark zu unterbreiten. Diesmal wurde das Anliegen vom Gemeinderat begrüßt und positiv beurteilt, was ein Jahr zuvor noch undenkbar gewesen war. Mittlerweile ist der Bürgermeister an den Stammtischen im Ort unterwegs, um die Bevölkerung für den Windpark auf den Hügeln zu gewinnen, wie er mir am Rande eines Empfangs im Jahr 2022 erzählte. Wirtschaftliche Entscheidungen haben viel mit der Begeisterung für eine Sache zu tun, die mindestens so wichtig ist wie die ökonomische Vernunft. Der Sinneswandel des Bürgermeisters zeigt, dass es sich lohnt, dranzubleiben und nichts unversucht zu lassen, wenn es um eine klimaneutrale Zukunft geht.

Vom Vorreiter zum Mainstream

Seit Jahren werden engagierte Unternehmen und Gemeinden mit Klimaschutzpreisen überhäuft, nach den Auszeichnungen findet stets ein Umtrunk statt, bei dem über die Verleihung diskutiert wird. Dabei geht es um die Qualität der Projekte, aber auch um ihre Rolle für eine klimaneutrale Zukunft. Warum finden sich trotz offenbar überzeugender Lösungen so wenige Nachahmer? Wissen die anderen Betriebe und Gemeinden nichts davon? Finden sie keine geeigneten Planer und Planerinnen oder ist fossile Energie einfach zu billig? „Es werden jene ausgezeichnet, die aus eigenem Antrieb auf den Klimaschutzzug aufspringen, alle anderen kannst du vergessen, die lassen sich von solchen Preisen nicht locken", meinte ein Kollege, als wir nach der Verleihung in kleiner Runde bei einem Glas Wein zusammenstanden. „So kommen wir nicht weiter", schüttelte ich den Kopf, „die Vorzeigebeispiele müssen endlich zum Mainstream werden!" Trotz jahrelanger Vergabe von Klimaschutzpreisen, die eine Vielzahl von Alternativen aufzeigten, hatte keine Trendwende eingesetzt, die meisten Unternehmen machten einfach weiter wie gewohnt. Als Russland in der Ukraine einmarschierte und die Energiepreise im Jahr 2022 explodierten, gab es kurzfristig einen Run auf klimafreundliche Lösungen. Doch die Hoffnung auf einen nachhaltigen Wandel war verfrüht, die meisten Menschen haben keine Vorstellung von einer Welt ohne fossile Energie, wie der Sozialforscher Christoph Hofinger meint. In seinen Vorträgen zitiert er oft eine Stelle aus der Bibel, wo Gott dem Volk Israel verspricht, es aus der Unterdrückung in Ägypten herauszuführen, in ein Land, „in dem Milch und Honig fließen" (2. Buch Mose, Exodus 3,8). Das gelobte Land war der sprichwörtliche Garten Eden auf Erden. „Gott hat seinem Volk nichts von hohen Hektarerträgen, üppigen Allokationsgewinnen, großen Ziegenherden und kurzen Arbeitstagen erzählt", betont Hofinger immer wieder, „sondern ein Bild gezeichnet, das Sehnsucht in den Herzen weckte, heute würde man Storytelling dazu sagen." Bei der Klimaneutralität argumentieren wir viel zu oft mit Technologien, Arbeitsplätzen, Wertschöpfung und Treibhausgasen, statt mit emotionalen Bildern, die Sehnsucht nach einer klimaneutralen Welt wecken. Hätte Gott bei den Israeliten so argumentiert, wäre er nicht weit gekommen, ist Hofinger überzeugt. Bei einer Präsentation vor Vertretern und Vertreterinnen der Erneuerbaren, an der ich teilnahm, zeigte Hofinger einige Beispiele von Wortbildern, die zum Thema Nachhaltigkeit in der Öffentlichkeit verwendet werden. Beim Thema Tierschutz war ein treuherzig blickender Hund hinter Gitterstäben zu sehen, der das Herz rührte. Bei Umweltschutz sah man einen Baum, der in einer Hand ruhte, ein ebenfalls berührendes Bild. Für sauberes Wasser wurde mit fröhlich trinkenden Kindern an einer Wasserleitung geworben, was mehr sagt als tausend Worte. Dann kam das Bild zum Klimaschutz. Es zeigte Windräder und Solaranlagen vor einem blauen Himmel. Damit kann man vielleicht Techniker bewegen, meinte er, die Durchschnittsbürgerin bleibt von solchen Bildern unberührt.

Wir brauchen keine technische Beschreibung der Zukunft, sondern lebendige Bilder, die Menschen begeistern und das Herz berühren. Die Pioniere und Pionierinnen der Klimaschutzpreise hatten solche Bilder vor Augen, die sie antrieben und motivierten. Wir können jedoch nicht warten, bis alle Menschen zu beherzten Pionieren werden, die mit Begeisterung gegen den Strom schwimmen. Wir müssen die Fließrichtung des Stroms ändern, damit klimafreundliches Handeln zum Mainstream wird. Gegen den Strom zu schwimmen, also an der fossilen Welt festzuhalten, ist dann mit Mühe und zusätzlichem Aufwand verbunden.

Lyrik des Handelns

Für eine Umkehrung der Fließrichtung braucht es politische Weichenstellungen. Damit die Bevölkerung diese mitträgt, sind einprägsame Bilder wichtig, die den Sinn emotional verständlich machen. Es reicht nicht, die entsprechenden Gesetze aufzuzählen, die die Weichenstellungen herbeiführen, wie das Interview der Chefredakteure der *Kleinen Zeitung Steiermark* Ernst Sittinger und Hubert Patterer mit der damaligen Klimaministerin Leonore Gewessler im Jänner 2023 zeigte:

Klimaministerin Leonore Gewessler: „Wir haben bei der jüngsten Regierungsklausur riesige Meilensteine für den Klimaschutz weitergebracht, etwa: Reform der Umweltverträglichkeitsprüfung, Photovoltaikförderung, Erneuerbaren-Ausbau-Beschleunigungsgesetz, Erneuerbare-Gase-Gesetz."

Kleine Zeitung Steiermark: „Das klingt alles so furchtbar."

Klimaministerin Leonore Gewessler: „Legistik ist nicht Lyrik."

So sehr ich die Arbeit und das Engagement der Klimaministerin schätzte, in diesem Punkt unterlag sie einem tragischen Irrtum. Natürlich muss an vielen Stellschrauben gedreht werden, um Klimaschutz voranzubringen. Es braucht Gesetze und Verordnungen, um Bahnfahren zu erleichtern, den Energieverbrauch zu senken und den Ausbau von Solarkraftwerken zu beschleunigen. Doch die Aufzählung der Gesetze ist zu wenig, um Menschen zu überzeugen. Legistik mag nicht Lyrik sein, Politik dagegen schon. Die Menschen brauchen klare, verständliche Bilder, die zeigen, wohin die Reise führt, wenn die Gesetze beschlossen werden. Populisten beherrschen diese Aufgabe perfekt, sie malen Bilder des Zweifels und der Angst an die Wand, die jeder und jede sofort versteht, auch wenn sie völlig falsch sind. Wir sollten ihnen das Feld nicht so einfach überlassen, jedes Gesetz zum Klimaschutz bietet Vorteile für jeden und jede Einzelne, die man auf ebenso einfache Weise darstellen könnte. Ein Beispiel: Statt „Der Meilenstein ist das Bahnausbaugesetz!" sollten wir sagen:

„Wir sorgen mit dem Gesetz dafür, dass jede und jeder die Öffis vor der Tür hat und vom Land schneller als mit dem Auto in der Großstadt ist, ohne Parkplatzsuche und mit flottem WLAN!“

Besonders Maßnahmen im Verkehr bergen viel mehr Lyrik, als man glaubt. Wir sollen unseren CO_2-Ausstoß im Alltag um satte 90 Prozent reduzieren, verlangen die Klimaforscher? Das klingt nach einer enormen Reduktion, für die man sein Leben komplett umkrempeln muss. Doch es gibt einen Weg, gleich morgen damit anzufangen: Bahnfahren statt Autofahren. Beim Bahnfahren kann man nicht nur aus dem Fenster schauen, im Speisewagen einen Kaffee trinken oder Nachrichten am Smartphone lesen, was ein Komfortgewinn ist – man spart auch gleich 90 Prozent der Treibhausgase ein, da die Emissionen einer Bahnfahrt nur ein Zehntel jener einer Autofahrt ausmachen, pro Fahrgast gerechnet. Bringt man noch die fast doppelte Geschwindigkeit ins Spiel, mit der man im Vergleich zur Straße unterwegs ist, jedenfalls auf Überlandstrecken, hat man genügend Argumente zur Hand, um den Vorteil eines gesetzlichen Bahnausbaus sichtbar und schmackhaft zu machen.

Lyrik geht sogar bei Wortungetümen wie dem Erneuerbaren-Ausbau-Beschleunigungsgesetz. Von Expertinnen und Experten wird betont, das Gesetz bringe eine Verfahrensbeschleunigung bei der Flächenausweisung für Energiewende-Projekte. Wer kann so etwas fehlerfrei wiederholen! Und was heißt das am Ende des Tages? Den Menschen ist nicht wichtig, was das Gesetz für formale Vorteile bringt, sondern welche Vorteile sich im Alltag daraus ergeben. Was nach einer rein technischen Verbesserung klingt, soll in Wahrheit helfen, den Stress mit den Gaslieferungen aus Russland zu verringern und die

Preise bei Strom langfristig zu stabilisieren, was jedem Haushalt zugutekommt. Das gilt es den Menschen zu vermitteln, um sie „zu Verbündeten zu machen“, die das Gesetz von ihren politischen Vertreterinnen und Vertretern einfordern.

Natürlich sind solche Erklärungen stark vereinfachend, das gilt aber auch für die Angstbilder der Populisten. Den Vorteil eines Gesetzes in lebendigen Bildern zu schildern, ist keine Schönfärberei, sondern eine Hilfestellung, um sich dessen Auswirkungen für die Zukunft besser vorstellen zu können. Da reichen oft ein paar einprägsame Botschaften, wie das Beispiel aus der Bibel zeigt. Ein Land, „in dem Milch und Honig fließen“, war ein ungenaues, aber verheißungsvolles Bild der Zukunft. Ein ganzes Volk machte sich auf, um 40 Jahre lang danach zu suchen (wobei es sich offenbar verirrte, das Land Kanaan ist nur 400 Kilometer Luftlinie von Ägypten entfernt). Wir werden schneller in eine klimaneutrale Zukunft kommen, einige sind sogar schon dort, wie wir gesehen haben. Sie winken uns zu und wirken recht zufrieden. Das wird ein feines Leben.

Literatur

Angeli, T./Capra, F. (2009): *Das Solarzeitalter kommt*, Interview mit Fritjof Capra, in: Beobachter Natur 3/2009

Anschober, Rudi (2024): *Wie wir uns die Zukunft zurückholen*, Brandstätter Verlag 2024

APA (2015): *Umweltenzyklika: Papst ruft zur „ökologischen Umkehr"* auf, Der Standard, 18.6.2015

APA (2021): *Historisches Klima-Urteil: Shell muss CO2-Emissionen reduzieren*, Der Standard, 26.5.2021 https://www.derstandard.at/story/2000126952265/historisches-klima-urteil-shell-muss-co2-emissionen-reduzieren, abgerufen am 13.3.2022

ARGE Klimarat, Hrsg. (2022): *Klimaneutralität bis 2040 in Österreich: Die Empfehlungen*, Endbericht im Auftrag des Bundesministeriums für Klimaschutz, Umwelt, Energie, Mobilität, Innovation und Technologie (BMK), Wien 2022

Artists For Future Austria (2023): *Kaktus Cartoon Awards. Bilder sagen mehr als tausend Worte*, https://artistsforfuture.at/kaktus-cartoon-awards, abgerufen am 30.9.2024

Balch, Oliver (2024): *„In the US they think we're communists!". The 70,000 workers showing the world another way to earn a living*, Guardian, 24.4.2024, https://www.theguardian.com/lifeandstyle/2024/apr/24/in-the-us-they-think-were-communists-the-70000-workers-showing-the-world-another-way-to-earn-a-living, abgerufen am 11.7.2024

Barron, James (2023): *Citi Bike, 10 Years Old and Part of New York's Street Life*, New York Times, 26.5.2023

Behringer, Wolfgang (2011): *Kulturgeschichte des Klimas – Von der Eiszeit bis zur globalen Erwärmung*, Deutscher Taschenbuch Verlag 2011

Belazzi, Thomas (2022): Interview mit Dipl.-Ing. Markus Meissner im Bereich Ressourcenmanagement am Österreichischen Ökologie-Institut,

Juni 2022, https://bauxund.at/broken-window-syndrom, abgerufen am 29.9.2024

Bernau, Patrick (2021): *Der Purpose vor dem Sieg*, Frankfurter Allgemeine Zeitung, 2.5.2021

Biegert, Claus (2010): *Von den weißen Wurzeln des Friedens – Die Botschaft der Irokesen*, Zeitschrift Oya, Ausgabe 5/2010

Black-Kalinsky, Claudia (2016): *My father warned Exxon about climate change in the 1970s. They didn't listen*, Guardian, 25.5.2016, https://www.theguardian.com/commentisfree/2016/may/25/exxon-climate-change-greenhouse-gasses, abgerufen am 9.4.2023

Black, James F. (1978): *The Greenhouse Effect*, Interner Brief an den Vizepräsidenten von Exxon Research and Engineering vom 6. Juni 1978, https://insideclimatenews.org/wp-content/uploads/2015/09/James-Black-1977-Presentation.pdf, abgerufen am 28.9.2024

Blätter für deutsche und internationale Politik (1995): *Leitbilder für ein zukunftsfähiges Deutschland*, Aus der neuen Studie des Wuppertaler Instituts, Ausgabe Dezember 1995, https://www.blaetter.de/ausgabe/1995/dezember/leitbilder-fuer-ein-zukunftsfaehiges-deutschland, abgerufen am 3.7.2024

Blom, Philipp (2017): *Was auf dem Spiel steht*, Carl Hanser Verlag 2017

Blom, Philipp (2018): *Festrede zur Eröffnung der Salzburger Festspiele*, 27.7.2018

Blom, Philipp (2021): *Die Klimakatastrophe und ihre Erzählung. Gedanken über Transformation und Kommunikation*, Keynote-Vortrag zur Eröffnung des klimaaktiv Jahrestreffens, Wien 18.10.2021

Blom, Philipp (2024): oekostrom AG am Campus zum Thema „Humor in Zeiten der Klimakrise", https://www.youtube.com/watch?v=1twrxQoF3PY, abgerufen am 9.10.2024

Blume, Sylke (2023): *Wie Kinder zu Rivalen gemacht wurden*, WDR-Bericht zur ARD-Wissen-Dokumentation „Legendäre Experimente – Robbers Cave", 25.10.2023, https://www.tagesschau.de/wissen/forschung/robbers-cave-experiment-100.html, abgerufen am 29.9.2024

Bonneuil, Christophe/Choquet, Pierre-Louis/Franta, Benjamin (2021): *Early warnings and emerging accountability: Total's responses to global warming, 1971–2021*, Global Environmental Change, Volume 71, November 2021, https://www.sciencedirect.com/science/article/pii/S0959378021001655#, abgerufen am 28.12.2022

Boulding, Kenneth E. (1966): *The Economics of the Coming Spaceship Earth*, http://arachnid.biosci.utexas.edu/courses/THOC/Readings/Boulding_SpaceshipEarth.pdf, abgerufen am 24.3.2023

Braden, Benjamin/Großekathöfer, Birgit/Miske, Jonathan/Voss, Leonie (2021): *22-jährige Klägerin: Sophie hat mehr für das Klima getan als viele von uns*, Der Spiegel, 27.6.2021, https://www.spiegel.de/politik/deutschland/klimaklage-sophie-backsen-hat-die-bundesregierung-verklagt-und-gewonnen-a-5c5d22b9-17e1-41a8-8cef-4354576e4ae9, abgerufen am 13.3.2022

Bregman, Rutger (2020): *Im Grunde gut - Eine neue Geschichte der Menschheit*, Rowohlt Verlag 2020

Breier, Ralf/Kuhland, Claudia (2023): *Die Schönheit des Gebrauchten - baubüro in situ*, ARD-Doku, https://www.sr-mediathek.de/index.php?seite=7&id=143951, abgerufen am 5.9.2024

Bundesverfassungsgericht (2021): *Verfassungsbeschwerden gegen das Klimaschutzgesetz teilweise erfolgreich*, Pressemitteilung Nr. 31/2021 vom 29. April 2021

BUND/MISEREOR (1996): *Zukunftsfähiges Deutschland - Ein Beitrag zu einer global nachhaltigen Entwicklung*, Studie des Wuppertal Instituts für Klima, Umwelt, Energie, Basel/Boston/Berlin 1996

Capra, Fritjof (1983): *Wendezeit*, Scherz Verlag 1983

CarbonBrief (2024): *UK coal demand in 2023 fell to the lowest level since the 1730s*, in Carbon Brief: Analysis: UK emissions in 2023 fell to lowest level since 1879, 11.3.2024, https://www.carbonbrief.org/analysis-uk-emissions-in-2023-fell-to-lowest-level-since-1879/, abgerufen am 4.5.2024

Creative Action Network (2020): *Posters for a Green New Deal: 50 Removable Posters to Inspire Change*, Workman Publishing Company 2020

Crowther, T./Glick, H./Covey, K. et al. (2015): *Mapping tree density at a global scale*, Nature 525, 201–205 (2015), https://doi.org/10.1038/nature14967, abgerufen am 25.9.2024

Dauncey, Guy (1993/1996): *Seven Steps To A Greener Company - From Green Trimmings to a Green Soul*, Context Institute, https://www.context.org/iclib/ic35/dauncey2, abgerufen am 22.9.2021

Dauncey, Guy (2015): *Journey to the Future - A better World is possible*, Agio Publishing House 2015

Deppe, Kerstin/Nickels, Lothar (2020): *Humor und Psyche*, WDR Sendung Planet Wissen, 25.8.2020

Der Standard (2020): *160 bekannte Arten sind im letzten Jahrzehnt ausgestorben*, 1.1.2020, https://www.derstandard.de/story/2000112697903/160-bekannte-arten-sind-im-letzten-jahrzehnt-ausgestorben, abgerufen am 7.8.2022

Diamond, Jared (2005): *Kollaps. Warum Gesellschaften überleben oder untergehen*, S. Fischer Verlag 2005

Die Anstalt (2019): *Der Weg zum Ziel 100% erneuerbare Energien*, ZDF Satire-Sendung, 1.10.2019, https://www.youtube.com/watch?v=yduqBkbroL4, abgerufen am 13.8.2023

Diehl, Andreas (2020): *House of Change – Die vier Zimmer der Veränderung*, Blog Digitale Neuordnung, März 2020, https://digitaleneuordnung.de/blog/house-of-change/, abgerufen am 17.8.2022

Dossier (2020): *Supermacht Supermarkt: Die Welt der Handelsriesen*, Ausgabe Nr. 3, 10/2020

Driftschröer, Anna (2022): *Investitionen in Erneuerbare: Wie die Ölmultis BP und Shell vom Öl wegkommen wollen*, manager magazin, 18.2.2022

Dzugan, Franziska (2019): *Das leise Sterben: Wie unsere Tier- und Pflanzenwelt verschwindet*, profil, 25.4.2019

Enerdata (2024): *Ölprodukte – Heimischer Verbrauch, Globales Energie- und Klimastatistik-Jahrbuch 2023*, https://energiestatistik.enerdata.net/oelprodukte/welt-oel-heimisches-verbrauch-statistik.html, abgerufen am 7.7.2024

Energie & Management (2023): *Gericht weist Klimaklage gegen Shell ab*, Bericht vom 25.7.2023, https://www.energie-und-management.de/nachrichten/recht/detail/gericht-weist-klimaklage-gegen-shell-ab-189898, abgerufen am 14.8.2023

European Commission (2019): *Finance and the Green Deal*, https://commission.europa.eu/strategy-and-policy/priorities-2019-2024/european-green-deal/finance-and-green-deal_en, abgerufen am 29.9.2024

European Commission (2019): *Presentation of the European Green Deal by Ursula von der Leyen, President of the EC: press statement*, 11.12.2019, https://audiovisual.ec.europa.eu/corporateplayer/index.html?video=I-182024&language=undefined, abgerufen am 29.9.2024

European Council (2022): *Council gives final green light to corporate sustainability reporting directive*, Press release, 28.11.2022

Expertenrat für Klimafragen (2024): *Expertenrat prüft Projektionsdaten: Einhaltung des Klimaziels für 2021 bis 2030 nicht bestätigt*, Pressemitteilung, 3.6.2024

Fessler, Jakob (2021): *Interview mit der Aktivistin und Verkehrsplanerin Barbara Laa („Wir wissen, was zu tun wäre")*, Ö1-Sendung „Gedanken", 30.5.2021

Fiala, Klaus (2018): *Die Donut-Ökonomie – Warum Kate Raworths neues Wirtschaftsmodell die Form eines Süßgebäcks hat*, Interview mit Kate Raworth in der März-Ausgabe des Forbes-Magazins „Food" 2018

Fintelmann, Julius E. O. (2022): *Jetzt gibt's 'ne Shelle*, fluter, 22.11.2022, https://www.fluter.de/klimaklagen-ngo-vs-unternehmen, abgerufen am 28.1.2023

Firth, Raymond (2004): *We the Tikopia, A sociological study of kinship in primitive Polynesia*, Verlag Routledge, Neuauflage 2004

Fischer, Tin/Mensch, Mario (2019): *100 Karten, die deine Sicht auf die Welt verändern*, Verlag Hoffmann und Campe 2019

Frankfurter Allgemeine Zeitung (2023): *ExxonMobil sagte Klimawandel genauer vorher als die NASA*, 13.1.2023, https://www.faz.net/aktuell/wissen/erde-klima/interne-daten-oelkonzern-exxon-wusste-frueh-vom-klimawandel-18599437.html, abgerufen am 9.4.2023

Fresner, Isabella (2023): *Studie: „Grünes Wachstum" funktioniert nicht*, science.orf.at, 5.9.2023, https://science.orf.at/stories/3221052/, abgerufen am 17.9.2023

Freud, Sigmund (1905): *Der Witz und seine Beziehung zum Unbewussten*, Leipzig und Wien, Verlag Franz Deuticke 1905

Fuhrer, Armin (2018): *Witze unterm Hakenkreuz: „Schweigen ist Gold, Reden ist Dachau"*, Focus Online 16.4.2018, https://www.focus.de/wissen/mensch/geschichte/witze-unterm-hakenkreuz-schweigen-ist-gold-reden-ist-dachau_id_8723142.html, abgerufen am 26.9.2021

Gabbatiss, Josh (2024): *Shell abandons 2035 emissions target and weakens 2030 goal*, CarbonBrief 14.3.2024, https://www.carbonbrief.org/shell-abandons-2035-emissions-target-and-weakens-2030-goal, abgerufen am 16.6.2024

Geuther, Gudula/Fiebig, Peggy/Pastoors, Tobias (2021): *Deutsches Klimagesetz in Teilen verfassungswidrig*, Deutschlandfunk, 30.4.2021, https://www.deutschlandfunk.de/erfolgreiche-klimaklagen-deutsches-klimagesetz-in-teilen.2897.de.html?dram:article_id=496452, abgerufen am 1.10.2021

Gill, Richardson Benedict (2000): *The Great Maya Droughts: Water, Life, and Death*, University of New Mexico Press 2000

Global Fossil Fuel Divestment Commitments Database, https://divestmentdatabase.org/, abgerufen am 21.11.2024

Glück, Elisabeth (2014): *Habau eröffnet modernstes Werk Europas*, Online-Portal der Bezirksrundschau Oberösterreich, 14.6.2014, https://www.meinbezirk.at/perg/c-wirtschaft/habau-eroeffnet-modernstes-werk-europas_a955039#gallery=null, abgerufen am 25.12.2022

Greiner Packaging (2023): *Greiner Packaging erhält Zertifizierung für heim-kompostierbare Kapsel-Verpackungen*, Medieninformation, 15.2.2023

Groß, Thomas (2023): *Zwei Jahre Klimabeschluss des Bundesverfassungsgerichts*, Verfassungsblog, 18.3.2023, https://verfassungsblog.de/zwei-jahre-klimabeschluss-des-bundesverfassungsgerichts, abgerufen am 10.6.2024

Günzel, Ann-Katrin (2020): *Mit Höchstgeschwindigkeit in die Zukunft*, in: Kunstforum International, Bd. 267, Mai 2020

Hackstock, Roger (2014): *Energiewende – Die Revolution hat schon begonnen*, Verlag Kremayr & Scheriau 2014

Hackstock, Roger (2017): *Flexibel und frei – Wie eine umfassende Energiewende unser Leben verändert*, oekom Verlag 2017

Hackstock, Roger (2021): *Wahre Geschichten – Das Leben ist (k)ein Ringelspiel!*, Karin Fischer Verlag

Hackstock, Roger (2023): *Der Klimagipfel, der zum Lachen ist*, Gastkommentar in Die Presse, 2.12.2023

Hall, Shannon (2015): *Wie Exxon den Klimawandel entdeckte – und leugnete*, 13.11.2015, https://www.spektrum.de/news/wie-exxon-den-klimawandel-entdeckte-und-leugnete/1374674, abgerufen am 28.9.2024

Haller, Michael/Wieser, Harald (1984): *Ich propagiere die Kommunion mit dem Kosmos*, Interview mit dem Atomphysiker Fritjof Capra über sein Kultbuch „Wendezeit", Der Spiegel 10/1984

HBO (2014): *Climate Change Debate: Last Week Tonight with John Oliver*, Sendung vom 12.5.2014, https://www.youtube.com/watch?v=cjuGCJJUGsg, abgerufen am 28.12.2022

Herrmann, Ulrike (2022): *Vom Ende des Kapitalismus – Warum Wachstum und Klimaschutz nicht vereinbar sind und wie wir in Zukunft leben werden*, Verlag Kiepenheuer & Witsch 2022

Hickel, Jason/Vogel, Jefim (2023): *Is green growth happening? An empirical analysis of achieved versus Paris-compliant CO_2-GDP decoupling in high-income countries*, The Lancet Planetary Health, Volume 7, Issue 9, e759-e769, September 2023, https://www.thelancet.com/journals/lanplh/article/PIIS2542-5196(23)00174-2/fulltext, abgerufen am 17.9.2023

Intergovernmental Panel on Climate Change (IPCC) (1990): *First Assessment Report*, https://www.ipcc.ch/site/assets/uploads/2018/05/ipcc_90_92_assessments_far_overview.pdf, abgerufen am 15.8.2021

Intergovernmental Panel on Climate Change (IPCC) (2021): *Climate Change: The Physical Science Basis*, The Working Group I contribution to the Sixth Assessment Report, IPCC Press Conference, 9.8.2021

International Energy Agency (2024): *CO_2-Emissionen weltweit 2023*, https://nachhaltigwirtschaften.at/de/iea/publikationen/co2-emissionen-weltweit-2023.php, abgerufen 25.9.2024

IPBES (2019): *Summary for policymakers of the global assessment report on biodiversity and ecosystem services of the Intergovernmental Science-Policy Platform on Biodiversity and Ecosystem Services*, IPBS, Bonn 2019

IWR Online (2019): *Kohle ohne Zukunft – Vattenfall schließt niederländisches Kohlekraftwerk*, 23.12.2019, https://www.iwr.de/news/kohle-ohne-zukunft-vattenfall-schliesst-niederlaendisches-kohlekraftwerk-news36486, abgerufen am 13.3.2022

Jackson, Tim (2011): *Wohlstand ohne Wachstum. Leben und Wirtschaften in einer endlichen Welt*, oekom Verlag 2011

Johnson, Bea (2016): *Zero Waste Home – Glücklich leben ohne Müll*, Verlag Ludwig 2016

Jones, Philip D./Wigley, T. (1981): *Detecting CO_2-induced climatic change*, Nature, Band 292, Nr. 5820, 16. Juli 1981, S. 205

Kaiser, Peter (2018): *Die Schärfe des jüdischen Witzes*, Deutschlandfunk Kultur, 9.11.2018, https://www.deutschlandfunkkultur.de/humor-und-antisemitismus-die-schaerfe-des-juedischen-witzes-100.html, abgerufen am 26.9.2021

Karig, Friedemann (2024): *Was ihr wollt – Wie Protest wirklich wirkt*, Ullstein Verlag 2024

Kath, Andrea (2014): *17.11.1839 – Entdeckung der Maya-Ruinen in Copán*, WDR ZeitZeichen, 17.11.2014, https://www1.wdr.de/radio/wdr5/sendungen/zeitzeichen/mayaruinen104.html, abgerufen am 10.2.2022

Kelley, W. Kevin (1989): *Der Heimatplanet*, herausgegeben im Auftrag der Association of Space Explorers, deutsche Ausgabe Verlag Zweitausendeins 1989

Kirchner, Sandra (2019): *Bahnbrechendes Urteil in den Niederlanden – Oberstes Gericht verpflichtet Regierung zum Klimaschutz*, Klimareporter, 21.12.2019, https://www.klimareporter.de/europaische-union/oberstes-gericht-verpflichtet-regierung-zum-klimaschutz, abgerufen am 1.10.2021

Kleedorfer, Robert (2019): *Die größten Probleme im Land liegen im Umweltbereich*, Kurier, 8.11.2019

Klein, Daniel (2009): *Wie viele Bäume sind nötig, um eine Tonne CO_2 zu binden?*, Handelsblatt, 18.6.2009, https://archive.is/OFjJW, abgerufen am 25.9.2024

Klemrath, Martin (2012): *7 Dinge, die Sie vor dem Weltuntergang tun sollten.* Welt-Panorama, 10.12.2012, https://www.welt.de/vermischtes/

article13847851/7-Dinge-die-Sie-vor-dem-Weltuntergang-tun-sollten.html, abgerufen am 15.1.2022

klimaaktiv (2023): *Kaktus Cartoon Award – die besten Klima-Karikaturen*, Interview mit Julia Haderer, 4.12.2023, https://www.klimaaktiv.at/bildung/klimadialog/goodpractice/kaktus-cartoon-award.html, abgerufen am 30.9.2024

Klimareporter (2021): *Kultur der Ökologie, nachhaltige Modernisierung und der Klima-Frieden*, Interview mit Michael Müller, 30.5.2021, https://www.klimareporter.de/international/kultur-der-oekologie-nachhaltige-modernisierung-und-der-klima-frieden, abgerufen am 30.5.2021

Kohlmann, Thomas (2021): *Was steckt hinter den Rekordpreisen für Gas?*, Deutsche Welle, 21.9.2021, https://www.dw.com/de/was-steckt-hinter-den-rekordpreisen-f%C3%BCr-gas/a-59252125, abgerufen am 22.12.2021

Köhn, Elena (2018): *Das 7-Generationen-Prinzip der Irokesen*, UmweltDialog 13.7.2018, https://www.umweltdialog.de/de/management/wirtschaftsethik/2018/Das-Siebte-Generation-Prinzip-der-Irokesen.php, abgerufen am 29.1.2023

Krapscha, Raphael/Wieselberg, Lukas (2021): *Klimaerwärmung: „Das Schlimmste kommt noch"*, science.orf.at, 7.8.2021, https://science.orf.at/stories/3208016/, abgerufen am 18.9.2024

Kretschmer, Ansgar (2019): *Klimabilanz der Zementindustrie*, Chemie Technik 3/2019, https://www.chemietechnik.de/energie-utilities/klimabilanz-der-zementindustrie-372.html, abgerufen am 21.8.2021

Langels, Otto (2010): *Aufstand gegen Slobodan Miloševič – Vor 20 Jahren stürmten Demonstranten das Parlament in Belgrad*, Deutschlandfunk, 5.10.2020, https://www.deutschlandfunk.de/aufstand-gegen-slobodan-milosevic-vor-20-jahren-stuermten-100.html, abgerufen am 16.6.2024

Mann, Michael E./Toles, Tom (2018): *Der Tollhauseffekt: Wie die Leugnung des Klimawandels unseren Planeten bedroht, unsere Politik zerstört und uns in den Wahnsinn treibt*, Hrsg. DGS Landesverband Franken 2018

Mann, Michael E. (2024): *Moment der Entscheidung. Wie wir mit Lehren aus der Erdgeschichte die Klimakrise überleben können*, oekom Verlag 2024

Mascolo, Georg (2005): *Robert Helvey – Der Umsturzhelfer*, Spiegel Online, 21.11.2005, https://www.spiegel.de/politik/ausland/robert-helvey-der-umsturzhelfer-a-386006.html, abgerufen am 12.6.2024

Mast, Maria (2021): *Andere Öl- und Gaskonzerne werden sich erklären müssen*, Die Zeit, 27.5.2021, https://www.zeit.de/wissen/

umwelt/2021-05/klimaklage-shell-umweltschutz-co2-roger-cox?utm_referrer=https%3A%2F%2Fwww.bing.com%2F, abgerufen am 1.10.2021

Maurer, Andreas (2021): *Vienna Biennale For Change 2021 – Climate Care*, Interview mit dem MAK-Direktor und Leiter der Vienna Biennale for Change Christoph Thun-Hohenstein, Kunstmagazin Parnass, 16.06.21, https://www.parnass.at/news/climate-care, abgerufen am 5.11.2022

McGuire, Bill (2022): *Hothouse Earth: An Inhabitants Guide*, Verlag Faber and Faber 2022

McKay, Adam (2021): *Don't look up*, Story by Adam McKay and David Sirota, Filmskript, https://deadline.com/wp-content/uploads/2022/01/Dont-Look-Up-Read-The-Screenplay.pdf, abgerufen am 18.9.2022

McKie, Robin (2022): *„Soon the world will be unrecognisable": is it still possible to prevent total climate meltdown?*, Rezension des Buches *„Hothouse Earth: An Inhabitant's Guide"* von Bill McGuire, Guardian, 30.7.2022, https://www.theguardian.com/environment/2022/jul/30/total-climate-meltdown-inevitable-heatwaves-global-catastrophe, abgerufen am 31.8.2023

Meadows, Dennis (1972): *Die Grenzen des Wachstums. Bericht des Club of Rome zur Lage der Menschheit*, Deutsche Verlags-Anstalt, Taschenbuch 1972

Meck, Georg (2019): *Unternehmen auf der „Sinnsuche": Von Kapitalisten zu Weltverbesserern?*, Frankfurter Allgemeine Zeitung, 11.3.2019

Mesch, Michael (2009): *Soziale Ungleichheit in Österreich*, Rezension des Buches *„Die österreichische Gesellschaft. Sozialstruktur und sozialer Wandel"* von Max Haller in: Wirtschaft und Gesellschaft, 35. Jahrgang, Heft 2, 2009

Moore, Mike (o.D.): *Discover Tikopia: Inside a Remote Civilisation*, https://www.superyachtstories.com/experiences/discovering-tikopia-inside-a-remote-civilisation/, abgerufen am 29.4.2024

Mücke, Peter (2021): *Ein „New Deal" für die Kunst*, ARD-Studio New York, 23.5.2021, https://www.tagesschau.de/wirtschaft/new-deal-kunst-new-york-101.html, abgerufen am 14.8.2021

Mukharji, Aroop (2019): *Erica Chenoweth – Civil Resistance and How and Why it Works*, Snack Break with Aroop, https://www.youtube.com/watch?v=dU0rP6mMeao, abgerufen am 25.9.2024

Müller, Tobias (2021): *Energiepolitik in den Niederlanden: Klage gegen Kohleausstieg*, taz, 20.4.2021, https://taz.de/Energiepolitik-in-den-Niederlanden/!5767040/, abgerufen am 13.3.2022

Murray, Jessica (2021): *Half of emissions cuts will come from future tech*, says John Kerry, Guardian, 16.5.2021, https://www.theguardian.

com/environment/2021/may/16/half-of-emissions-cuts-will-come-from-future-tech-says-john-kerry, abgerufen am 17.8.2022

Narodoslawsky, Benedikt (2020): *Inside Fridays for Future, Die faszinierende Geschichte der Klimabewegung in Österreich*, Falter Verlag 2020

Narodoslawsky, Benedikt (2021): *Falter.natur - Der Nachhaltigkeits-Newsletter*, Ausgabe 14/2021

Narodoslawsky, Benedikt (2023): *Mmmmmmhhhhh ... Plastik,* Falter. natur, Ausgabe 138, 24.11.2023

Nash, Sarah Louise/Steurer, Reinhard (2021): *Climate Change Acts in Scotland, Austria, Denmark and Sweden: the role of discourse and deliberation*, Climate Policy, Volume 21, 2021, Issue 9: Special Issue: Climate Change Acts: Origins, Dynamics, and Consequences, 11.8.2021

Nelles, David/Serrer, Christian (2018): *Kleine Gase - Große Wirkung: Der Klimawandel*, Gebundene Ausgabe, Selbstverlag 2018

Neubauer, Luisa/Repenning, Alexander (2019): *Vom Ende der Klimakrise: Eine Geschichte unserer Zukunft*, Tropen Verlag 2019

Neubauer, Luisa/Ulrich, Bernd (2021): *Noch haben wir die Wahl - Ein Gespräch über Freiheit, Ökologie und den Konflikt der Generationen*, Tropen Verlag 2021

NewClimate Institute (2024): *Corporate Climate Responsibility Monitor 2024, Assessing the transparency and integrity of companies' emission reduction and net-zero targets*, New Climate Institute, April 2024, https://newclimate.org/sites/default/files/2024-04/NewClimate_CCRM2024.pdf, abgerufen am 26.5.2024

ntv.de (2023): *Greta Thunberg verkündet Ende ihrer Schulstreiks*, 9.6.2023, https://www.n-tv.de/politik/Greta-Thunberg-verkuendet-Ende-ihrer-Schulstreiks-article24179968.html, abgerufen am 31.12.2023

ORF (2021): Ö1 Science Arena: *Killt Kapitalismus Klima?*, Sendung am 15.12.2021

Pandora Film Medien GmbH, (2015): *Tomorrow - Die Welt ist voller Lösungen*, Kinofilm

Papst Franziskus (2015): *Enzyklika Laudato si', Über die Sorge für das gemeinsame Haus*, Gegeben zu Rom, Sankt Peter, am 24. Mai, dem Hochfest von Pfingsten im Jahr 2015, https://www.vatican.va/content/francesco/de/encyclicals/documents/papa-francesco_20150524_enciclica-laudato-si.html, abgerufen am 31.8.2023

Papst Franziskus (2023): *Apostolisches Schreiben Laudate Deum, An alle Menschen guten Willens über die Klimakrise*, Gegeben zu Rom, bei Sankt Johannes im Lateran, am 4. Oktober 2023, dem Fest des heiligen Franz von Assisi, https://www.vatican.va/content/francesco/de/apost_

exhortations/documents/20231004-laudate-deum.html, abgerufen am 19.10.2023

Patterer, Hubert/Sittinger, Ernst (2023): *„Tempo 100 auf Autobahnen wäre absolut sinnvoll"*, Klimaministerin Leonore Gewessler im Interview, Kleine Zeitung Steiermark, 20.1.2023

Paula, Michael/Schwarz, Hans-Günther/Wagner, Erich (1988): *Angepaßte Technologie – Ein neuer Umgang mit Technik*, Tagungsband zum Symposium 18.–22.1.1988, Wien

Pausch, Robert/Ulrich, Bernd (2022): *Völker, hört die Signale!*, Die Zeit, 24.8.2022

Pichler, Melanie/Wiedenhofer, Dominik (2021): *Grünes Wachstum reicht für Klimaziele nicht aus. Anderes Wirtschaften und Arbeiten ist nötig*, A&W blog, 4.3.2021

Pierre-Louis, Kendra (2019): *Extreme Weather Can Feel „Normal" After Just a Few Years, Study Finds*, The New York Times, 26.2.2019

Pinzler, Petra /Wessel, Günther (2018): *Vier fürs Klima: Wie unsere Familie versucht, CO_2-neutral zu leben*, Droemer Verlag 2018

Plentinger Simon (2024): *COP29 in Baku – Klimakonferenz unter schwierigen Vorzeichen*, Tagesschau, 11.11.2024, https://www.tagesschau.de/wissen/klima/cop29-ausgangslage-100.html, abgerufen am 13.11.2024

Podcast Hotel Matze (2022): *Luisa Neubauer über die Anfänge und Errungenschaften von Fridays for Future*, 25.12.2022, https://www.youtube.com/watch?v=9DdhjDTNgQE, abgerufen am 14.8.2023

Pohselt, Daniel (2021): *Die Ökos der Industrie: Der Tabubrecher Stefan Grafenhorst*, Industriemagazin 09/2021

Prieschl, Michael (2021): *Meteorologe sagt, wo Hagel-Gefahr am größten ist*, Heute, 23.6.2021, https://www.heute.at/s/meteorologe-deshalb-traf-hagel-gmunden-so-stark-100148889, abgerufen am 25.6.2021

Probst, Benedict/Taherzadeh, Oliver (2021): *Fünf Gründe, weshalb ökologisches Wachstum den Planeten nicht retten kann*, Handelszeitung, 4.1.2021

Puschnig, Hannah Lena (2016): *Das Vermächtnis von Lieutenant Uhura*, Blog Frauenseiten Bremen, 12.11.2016, https://frauenseiten.bremen.de/blog/das-vermaechtnis-von-lieutenant-uhura/, abgerufen am 12.9.2021

Raddatz, Birgit (2024): *„#GoodCop1" in Berlin: Eine Klimakonferenz, die keine sein will*, Tagesschau, 11.11.2024, https://www.tagesschau.de/inland/regional/berlin/rbb-goodcop1-in-berlin-eine-klimakonferenz-die-keine-sein-will-100.html, abgerufen am 13.11.2024

Radio FM4 (2021): *Katharina Rogenhofer zu Gast im FM4 Doppelzimmer*, Sendung am 1.11.2021

Raffles, Stamford (1830): *Memoir of the life and public services of Sir Thomas Stamford Raffles, F.R.S. & c., particularly in the government of Java 1811–1816, and of Bencoolen and its dependencies 1817–1824*, John Murray 1830

Raith, Dirk (2016): *BIP. Kritik und Alternativen*, Dossier des Impulszentrums Zukunftsfähiges Wirtschaften, Graz 2016

Raworth, Kate (2018): *Die Donut-Ökonomie: Endlich ein Wirtschaftsmodell, das den Planeten nicht zerstört*, Hanser Verlag 2018

Reimer, Nick (2020): *„How do we sleep while our beds are burning?" Die Klimakrise in der Pop- und Rockmusik*, klimafakten.de, 22.12.2020, https://www.klimafakten.de/meldung/how-do-we-sleep-while-our-beds-are-burning-die-klimakrise-der-pop-und-rockmusik, abgerufen am 14.8.2023

Revkin, Andrew C. (2015): *A Deep Dive into What Exxon Knew About Global Warming and When (1978) it Knew It*, New York Times, 16.9.2015, https://archive.nytimes.com/dotearth.blogs.nytimes.com/2015/09/16/a-deep-dive-into-what-exxon-knew-about-global-warming-and-when-1978-it-knew-it/, abgerufen am 28.9.2024

Ritschl, Wolfgang (2021): *Ändert sich nichts, ändert sich alles*, Interview mit Katharina Rogenhofer in der Ö1 Büchersendung Kontext, 13.8.2021

Ritter, Lara (2023): *Fridays for Future – Wir sind Zukunft*, Fleisch-Magazin Nr. 69, 2023

Rogenhofer, Katharina/Schlederer, Florian (2021): *Ändert sich nichts, ändert sich alles – Warum wir jetzt für unseren Planeten kämpfen müssen*, Zsolnay Verlag 2021

Sadik-Khan, Janette/Solomonow, Seth (2016): *Streetfight: Handbook for an Urban Revolution*, Viking Press 2016

Safier, David (2020): *Aufgetaut*, Rowohlt Taschenbuch Verlag 2021

Salzburg24 (2021): *Waldbrände in USA und Kanada breiten sich aus*, 21.7.2021, https://www.salzburg24.at/news/welt/waldbraende-in-usa-und-kanada-breiten-sich-aus-106891945, abgerufen am 11.12.2021

Salzburger Nachrichten (2021): *Wiener Autorin und Regisseurin Milena Michalek startet durch*, Interview mit Milena Michalek, 10.9.2021

Salzburger Nachrichten (2020): *Systemrelevante Berufe hochgelobt aber schlecht bezahlt*, Bericht im Wirtschaftsteil, 21.7.2020

Schaller, Stella/Scheub, Ute/Vollmar, Sebastian/Zeddies, Lino (2023): *Zukunftsbilder 2045 – Eine Reise in die Welt von morgen*, Reinventing Society, oekom Verlag 2023

Schätzing, Frank (2021): *Was, wenn wir einfach die Welt retten?*, Kiepenheuer & Witsch 2021

Scherer, Sebastian (2011): *Die politische Funktionalisierung des Abstrakten Expressionismus im Kalten Krieg*, Abschlussarbeit zur Erlangung des Magister Artium im Fachbereich 10, Neuere Philologien, Johann-Wolfgang-Goethe-Universität Frankfurt am Main, Institut für England- und Amerikastudien 2011

Schlandt, Jakob (2021): *Klimaschutz bekommt Verfassungsrang: Das Urteil aus Karlsruhe ist ein Paradigmenwechsel*, Tagesspiegel, 29.4.2021

Schönburg, Alexander von (2005): *Die Kunst des stilvollen Verarmens – Wie man ohne Geld reich wird*, Rowohlt Verlag 2005

Schwarz, Susanne (2021): *Shell muss mehr Klimaschutz leisten*, Klimareporter, 27.5.2021, https://www.klimareporter.de/international/shell-muss-mehr-klimaschutz-leisten, abgerufen am 1.10.2021

Schwarz, Susanne (2021): *Verfassungsbeschwerden zum Klimaschutzgesetz teilweise erfolgreich*, Klimareporter, 29.4.2021, https://www.klimareporter.de/deutschland/klimaschutzgesetz-ist-teilweise-verfassungswidrig-schwach, abgerufen am 30.5.2021

Shell International B.V. (2021): *The Energy Transformation Scenarios*, Juni 2021

Siegle, Lucy (2011): *Totnes: Britain's town of the future*, Guardian, 6.2.2011, https://www.theguardian.com/environment/2011/feb/06/totnes-transition-towns-ethical-living, abgerufen am 9.8.2023

Sierra Staff (2021): *„You Can't Change the Channel." Late Night TV Show Hosts Take on Climate Change*, The magazine of the Sierra Club, 23.9.2021, https://www.sierraclub.org/sierra/you-can-t-change-channel-late-night-tv-show-hosts-take-climate-change, abgerufen am 26.9.2021

Smith, Adam (1776): *Der Wohlstand der Nationen: eine Untersuchung seiner Natur und seiner Ursachen*, Verlag Beck 1974

Smith, Adam (1759): *Theorie der ethischen Gefühle*, Philosophische Bibliothek, Meiner Verlag 2010

Spengler, Oswald (1918/1922): *Der Untergang des Abendlandes. Umrisse einer Morphologie der Weltgeschichte*, C.H. Beck Verlag 1918/1922.

Stalder, Helmut (2023): *Mehr Wohlstand heißt mehr Abfall. Jeden Tag werfen die Menschen weltweit Plastikmüll mit einem Gewicht von hundert Eiffeltürmen weg*, NZZ, 15.12.2023, https://www.nzz.ch/feuilleton/muell-warum-es-immer-mehr-gibt-und-warum-man-das-kaum-aendern-kann-ld.1770133, abgerufen am 25.7.2024

Staud, Toralf (2019): *„Erderhitzung" statt „Erderwärmung", „Wissenschaftsleugner" statt „Klimaskeptiker"*, Klimafakten, 20.5.2019, https://www.klimafakten.de/meldung/erderhitzung-statt-erderwaermung-wissenschaftsleugner-statt-klimaskeptiker, abgerufen am 15.8.2022

Staudacher, Anita (2013): *Wohlstand – neu vermessen*, Kurier, 4.10.2013

Staudinger, Heini (2022): *Jede Kampagne, die 3,5 % hinter sich hatte und gewaltfrei war, war erfolgreich*, Auszug aus dem Stück von Calle Fuhr am Wiener Volkstheater, Abdruck des Textes im GEA-Magazin BRENNSTOFF, https://gea-waldviertler.at/blog/calle-fuhr-finale-2, abgerufen am 25.9.2024

Stern (2020): *Wie kann man klimafreundlich auf Tournee gehen?* Philipp Grütering von Deichkind im Gespräch, Stern, 27.9.2020

Stiftung Demokratie Saarland (2019): *Was durch den Klimawandel & die Digitalisierung auf dem Spiel steht*, Vortrag des Historikers und Schriftstellers Philipp Blom am 23.10.2019, https://www.youtube.com/watch?v=Qxn27Q6my14, abgerufen am 5.3.2022

Süddeutsche Zeitung (2022): *Umwälzungen im Lebensstil wegen Klimawandel nötig*, Bericht aus dem dpa-Newskanal, 21.2.2022, https://www.sueddeutsche.de/wissen/wissenschaft-bericht-umwaelzungen-im-lebensstil-wegen-klimawandel-noetig-dpa.urn-newsml-dpa-com-20090101-220221-99-222174, abgerufen am 25.7.2022

Sunstein, C. R./Thaler R. H. (2014): *Nudge. Wie man kluge Entscheidungen anstößt*, Ullstein Verlag 2014

Swift, Jillian A. et al (2021): *Stable Isotopic Evidence for Nutrient Rejuvenation and Long-Term Resilience on Tikopia Island (Southeast Solomon Islands)*, Journal Sustainability, 31.7.2021, https://www.mdpi.com/2071-1050/13/15/8567/htm, abgerufen am 27.2.2022

SWR1 Leute (2020): *Die Welt neu denken – Interview mit Maja Göpel, Mitbegründerin von „Scientists for Future"*, 1.4.2020, https://www.youtube.com/watch?v=PWS7fSNJmaA, abgerufen am 16.4.2022

Tagesschau (2024): *Mehr Investitionen in Solarenergie als in Öl*, 25.5.2023, https://www.tagesschau.de/wirtschaft/energie/solarenergie-oel-investitionen-iea-energiewende-klima-100.html, abgerufen am 4.5.2024

Tagesschau (2024): *Niederlande: Berufungsgericht kippt Klima-Urteil gegen Energiekonzern Shell*, 12.11.2024, https://www.tagesschau.de/multimedia/video/schnell_informiert/video-1400862.html, abgerufen am 13.11.2024

theaternyx (2020): *über.morgen Wien, Ein Audiowalk in die Zukunft*, https://www.wuk.at/programm/theaternyx-uebermorgen-wien, abgerufen am 13.8.2023

Transition Network (2024): *Interaktive Weltkarte der Transition Town Groups in über 80 Ländern*, https://transitiongroups.org/, abgerufen am 7.6.2024

trend.at (2014): *Das können Führungskräfte von Star Trek lernen*, 9.10.2014, https://www.trend.at/service/karriere/fuehrungskraefte-star-trek-5136002, abgerufen 12.9.2021

Umweltbundesamt (2018): *Hohe Kosten durch unterlassenen Umweltschutz*, 20.11.2018, https://www.umweltbundesamt.de/presse/pressemitteilungen/hohe-kosten-durch-unterlassenen-umweltschutz, abgerufen am 25.9.2024

Umweltbundesamt (2021): *Treibhausgas-Bilanz Österreichs 2019*, Presseaussendung, 19.1.2021

University of Leeds (2015): *National Doughnuts Data Explorer – An interactive tool to visualise and explore Doughnuts for nearly 150 countries since the early 1990s*, https://goodlife.leeds.ac.uk/national-trends/country-trends, abgerufen am 4.9.2022

UNRIC (2024): *Weltweite UN-Umfrage: 4 von 5 Menschen wünschen sich mehr Klimaschutz*, 20.6.2024, https://unric.org/de/weltweite-un-umfrage-4-von-5-menschen-wuenschen-sich-mehr-klimaschutz/, abgerufen am 25.6.2024

Urban, Lukas (2021): *Millionen-Schäden nach Hagel-Unwettern in Österreich*, meinbezirk.at, 23.6.2021, https://www.meinbezirk.at/c-lokales/millionen-schaeden-nach-hagel-unwettern-in-oesterreich_a4720721, abgerufen am 25.6.2021

Urgenda (2019): *Landmark decision by Dutch Supreme Court*, https://www.urgenda.nl/en/themas/climate-case/, abgerufen am 25.9.2024

Vaillant, George E. (2012): *Triumphs of Experience*, Harvard University Press 2012

Vester, Frederic (1986): *Ein Baum ist mehr als ein Baum*, Fensterbuch, Kösel-Verlag 1986

Vester, Frederic (1983): *Unsere Welt – ein vernetztes System*, dtv Sachbuch, 1983

VIA Airport (2022): *Mallorca – oder doch ein Stubentiger*, VIA Airport Magazin – Das steirische Magazin für Reisen, Kultur, Genuss und Wirtschaft, Ausgabe 4/2022

Waldinger, Robert (2015): *What makes a good life? Lessons from the longest study on happiness*, Ted-Talk November 2015, https://www.ted.com/talks/robert_waldinger_what_makes_a_good_life_lessons_from_the_longest_study_on_happiness?subtitle=en&lng=de&geo=de, abgerufen am 8.10.2024

Wertheim, Christine/ Wertheim, Margaret: *Crochet Coral Reef*, https://crochetcoralreef.org/about/theproject/, abgerufen am 11.10.2024

Winkelmüller, Thomas (2022): *Wie es ist ... im Klimarat zu sitzen*, Interview mit der Teilnehmerin Madeleine Stranzinger, Datum 02/22

Witsch, Kathrin (2021): *Nach Klimaklage: Shell-CEO kündigt Verschärfung der Klimaziele an*, Handelsblatt, 9.6.2021, https://www.handelsblatt.com/technik/thespark/energie-nach-klimaklage-shell-ceokuendigt-verschaerfung-der-klimaziele-an/27270154.html, abgerufen am 10.4.2023

Wolf Shenk, Joshua (2009): *What makes us happy?*, The Atlantic, Juni 2009, https://www.theatlantic.com/magazine/archive/2009/06/what-makes-us-happy/307439/, abgerufen am 7.8.2022

Wolfangel, Eva (2017): *Infrastrukturparadies Dänemark: Radfahren wie eine Königin*, Spektrum.de, 5.6.2017, https://www.spektrum.de/news/radfahren-wie-eine-koenigin/1444695, abgerufen am 26.7.2023

Woltron, Ute (2019): *Green Deal – daheim*, Die Presse, 14.12.2019

WU Executive Academy (2022): *Wenn der Geschichtenerzähler keine Angst hat Fehler zu machen*, Interview mit Stefan Grafenhorst, 3.3.2022, https://executiveacademy.at/de/news/detail/wenn-der-geschichtenerzaehler-keine-angst-hat-fehler-zu-machen/, abgerufen am 10.7.2024

WWF Österreich (2022): *Natur am Limit: Vielfalt des Lebens in Gefahr*, WWF-Positionspapier zum Schutz und zur Wiederherstellung der biologischen Vielfalt in Österreich, Broschüre, Dezember 2022

YouTube (2022): In *„Don't Look Up"*, director Adam McKay makes allegorical plea to follow climate science, https://www.youtube.com/watch?v=wBbU-Th5lb8, abgerufen am 18.9.2022

YouTube (2023): *1,5°C is a physical limit not a political goal*, Johan Rockström on World Economic Forum Davos 2023, https://www.youtube.com/watch?v=dezO7fKFKB4, abgerufen am 24.5.2024

ZDFheute (2024): *Wie Klimaangst junge Menschen prägt*, Interview von Ilja Schirkowskij mit Stephan Heinzel von der Technischen Universität Dortmund, 11.2.2024, https://www.zdf.de/nachrichten/wissen/klimaangst-kimawandel-krise-psychologe-heinzel-planet-e-100.html, abgerufen am 20.5.2024

Zeit Online, AFP, Reuters, phb (2021): *Shell-Konzern ändert Namen und verlegt Steuersitz nach Großbritannien*, 10.12.2021, https://www.zeit.de/wirtschaft/unternehmen/2021-12/shell-royal-dutch-steuersitz-grossbritannien-klima-niederlande, abgerufen am 16.6.2024

Roger Hackstock ist seit drei Jahrzehnten im Klimaschutz tätig. Er ist Sachbuchautor, Lehrbeauftragter an der TU Wien und seit 20 Jahren Geschäftsführer des Verbandes Austria Solar. Bei seinen beruflichen Stationen im Ministerium, in der Österreichischen Akademie der Wissenschaften, der Nationalen Energieagentur, im Klima- und Energiefonds und im Industrieverband konnte er vielfältige Einblicke gewinnen, was Klimaschutz voranbringt oder hemmt.

Zuletzt bei Kremayr & Scheriau erschienen: „Energiewende – die Revolution hat schon begonnen" (2014).

Druckprodukt mit finanziellem
Klimabeitrag
ClimatePartner.com/17357-2411-1002

Verlag Kremayr & Scheriau GmbH & Co. KG, Wien
Rotenturmstraße 27/5, 1010 Wien
office@kremayr-scheriau.at
www.kremayr-scheriau.at

ISBN 978 3 218 01458 8

Umschlag, Typografie und Satz: Silvia Wahrstätter, buchgestaltung.at
Lektorat: Barbara Köszegi
Herstellung: vielseitig.co.at
Druck und Bindung: Florjančič Tisk d.o.o., Slowenien